世界主題之旅
93

U0018581

中國七城

創意新玩法

北京、天津、上海、杭州、西安、成都、重慶

賴雅婷 & 王微瑄 著

CONTENT 目錄

津

天津
東方與西洋風情完美並存

京

北京
昔日皇城，今日的中國夢之都

滬

上海
東方巴黎，不夜城

悠哉優哉的宜居好城

陜

西安
盛產皇帝的世界之都

川

成都
在天府之國慢活人生

渝

重慶
迷霧裡的山城

同場加映

關於作者

賴雅婷 (艾咪)

　　熱愛攝影、寫作、搞笑、表演。擁有熱血的鬥志與非比尋常的腦袋。居遊北京期間並就讀於北京電影學院導演進修班。認為人生就是一場電影，而旅遊就是最好的題材。

　　曾代表青年之家協會，出任德國、韓國觀光大使。此外，也曾拍攝上海世博台灣館紀錄片，並獲得北京央廣影展首獎。更曾耗費半年時間至黑龍江、北京、上海、廣州，拍攝兩岸學生紀錄片《登台著陸青春夢》。也因這些大小事，接受過中視、東森、東南衛視新聞台以及華視《點燈》節目專訪。

　　對於「旅遊」，特別是「中國旅遊」，已逐漸內化成自己的生命體驗。曾經是公視節目助理、廣播電台播音員，目前為廣告公司創意行銷企劃。身分可以很多變，但不變的會是：她永遠渴望流浪，她永遠是名旅人。

f **Facebook 粉絲專頁**：www.facebook.com/98dreamer（走吧！夢想者）
（或搜尋「夢.遊.旅孩」粉絲專頁）

王微瑄 (安伯)

　　熱愛舞蹈、喜歡以不同的方式到處旅行，勇於嘗試新事物。

　　從小就愛自己唱唱跳跳，十歲開始學舞到現在，民族、芭蕾、現代、流行街舞、爵士舞蹈等等，舞蹈是生命不可缺少的一部分。參與過各類舞蹈大小演出、藝人伴舞、北海道SORAN祭典台灣代表隊伍、日本PAL藝術舞蹈團巡迴演出，更曾代表台灣擔任德國觀光大使。

　　愛旅遊、愛跳舞、愛上帝。透過舞蹈說故事、透過旅程記錄夢想、透過上帝學習愛，並在世界各角落，舞出自我！

出發前，請記得利用書上提供的Data再一次確認

　　每一個城市都是有生命的，會隨著時間不斷成長，「改變」於是成為不可避免的常態，雖然本書的作者與編輯已經盡力，讓書中呈現最新最完整的資訊，但是，我們仍要提醒本書的讀者，必要的時候，請多利用書中的電話，再次確認相關訊息。

資訊不代表對服務品質的背書

　　本書作者所提供的飯店、餐廳、商店等等資訊，是作者個人經歷或採訪獲得的資訊，本書作者盡力介紹有特色與價值的旅遊資訊，但是過去有讀者因為店家或機構服務態度不佳，而產生對作者的誤解。敝社申明，「服務」是一種「人為」，作者無法為所有服務生或任何機構的職員背書他們的品行，甚或是費用與服務內容也會隨時間調動，所以，因時因地因人，可能會與作者的體會不同，這也是旅行的特質。請讀者培養電話確認與查詢細節的習慣，來保護自己的權益。

謝謝眾多讀者的來信

　　過去太雅旅遊書，透過非常多讀者的來信，得知更多的資訊，甚至幫忙修訂，非常感謝你們幫忙的熱心與愛好旅遊的熱情。歡迎讀者將你所知道的變動後訊息，提供給太雅旅行作家俱樂部taiya@morningstar.com.tw

太雅旅行作家俱樂部

* 書中所出現的金額，除非有特別說明為台幣，否則出現的幣值皆為人民幣。
* 本書的策畫，是以小資背包客作為出發點，希望所有自助旅行的背包客可以花少少的錢，盡情享受整趟旅程，並在途中可認識各式各樣的旅人，故所介紹之住宿點，都是以青年旅舍為主。

挑戰中國一線城市

　　認識艾咪的人都知道，此人體內有著不安定的靈魂。

　　那年夏天，在電視台擔任4個月製作助理的職位後，有天老姐傳來北京電影學院導演進修班的報考資訊，熱血瞬間沸騰！因此，不畏懼「草莓族」的稱號，毅然決然吞了顆草莓，遞出了辭呈。而當時，距離開學尚有兩個月，艾咪思考著：要怎麼規畫這段時間呢？此時，一個念頭閃過：「去中國流浪！」

　　但是，旅行有趣之處在於「分享」。因此，我需要一個旅伴，於是，我想起安伯。

　　我與好伙伴安伯相識在幾年前的夏天，那時我倆一起入選青年之家協會所舉辦的德國觀光大使團。在法蘭克福的兩週唱跳嬉遊後，兩個臭味相投的女孩決定，以後若有機會一定要再次結伴出遊，且是自助旅行。

　　再度合體的艾咪、安伯，決定要先挑戰中國一線大城市，並計畫透過火車，將中國的北(北京、天津)、中(西安、成都、重慶)、南(上海、杭州)一起玩遍。這些城市不是昔日古都、就是近代重要租界地，觀光資源與歷史故事都相當豐富，絕對能滿足艾咪、安伯的探險好奇心。

　　於是，一段不可思議的旅程就此展開！

艾咪

無論如何都要滿載而歸

　　會走到出書這一步，也是我還在日本舞蹈進修時，艾咪自己進行的祕密行動 —— 完成一份厲害的大陸尋奇企劃書。當時，身上碰巧還有一丁點的經費，於是就抱持著無論如何都要滿載而歸的心出發了！

　　現在想想，上帝把我們湊作堆實在非常奇妙！一個大眼睛、一個丹鳳眼；一個愛攝影、一個愛跳舞；一個諧星、一個笑點低；一個思慮周詳、一個水彩腦；一黑、一白，一高、一矮，一搭一唱剛剛好！相同的是，我們都愛吃、愛睡、愛旅行！

　　看起來有點懶散的兩位小姐，確實很懶散(笑)，不過我們還是搖頭晃腦地完成一些小夢想。有人說：追求夢想沒飯吃啦！在親友眼裡，總覺得我們不務正業、過得很爽、一副很閒的樣子(悶)。但我們不在乎這些質疑，不管他人覺得我們有多夢幻、多浪漫、多不切實際，我倆依然堅定地走在追夢的道路上！

　　「糊裡糊塗地走向清清楚楚的未來！」憑著這樣的信念，我懷抱無比信心到處亂走亂逛，探索並認識這可愛的世界，也進而更認識自己！感謝耶穌爸爸引領我經歷各種奇妙旅程，讓我在酸甜苦辣的祝福中體驗豐富人生！

　　嘿！相信正在看書的你，也是喜歡在生活中發掘一些有的沒的小樂趣，且同是勇於逐夢的性情中人吧！那就別再讓現實澆熄熱情之火，現在就跟我們一起出走吧！

安伯

PREPARATION
行前準備

▶ 一、航班的選擇

    若是從桃園機場出發，無論是到北京、天津、西安、成都、重慶、上海、杭州，長榮、華航、海南等航空公司幾乎都有直航班機。同時，華航與長榮航空也有從松山直飛上海虹橋的航班。

    但是，針對以上中國7大城市，若從高雄、台中的機場出發，可直航的城市選擇將會減少，且海南航空也僅有自桃園機場出發的航班。至於票價，會隨著淡旺季、旅遊天數長短、出發及到達的城市等因素的不同，而略有差異。若欲知詳細的航班說明，可至各家航空公司的官網查詢。

▶ 二、旅遊的好時機

    最適合去中國旅遊的時機為春季(4、5、6月)及秋季(9、10月)，其中，建議避開中國的五一勞動節、十一國慶等連續假期。

    此外，春節期間，中國各城市氣溫偏低，同時也有所謂「春運」的火車返鄉潮，隨後的3月分在北京則易有沙塵暴。而夏天乾熱，極不舒適，重慶、杭州都在火爐城市名單之列，且暑期也是旅遊旺季，難免人多擁擠。至於冬季(約11～3月)，氣溫最冷可達零下，下雪機率大。以上，皆是避免赴中國旅遊的時刻。

春運，擁擠的車站現場。

▶ 三、在中國開戶

台灣金融卡若開通國際提領功能，在中國的ATM也能提領人民幣，但有跨國手續費和匯差問題，且有一次提領金額上限。此外，信用卡也是旅遊好物，線上訂房、網路購票、預支刷卡必備！

工商銀行的銀聯卡。

若沒有信用卡，也可帶著台胞證、填妥相關表格，在中國當地銀行開戶。中國四大銀行為中國銀行、工商銀行、建設銀行、農業銀行。可至銀行洽詢相關業務的辦理。

中國銀行：www.boc.cn
工商銀行：www.icbc.com.cn
建設銀行：www.ccb.com
農業銀行：www.abchina.com/cn

工商銀行小參考

我們選擇的是工商銀行，其縮寫ICBC被戲稱為「愛存不存」；另外，建設銀行的縮寫CCB也被笑說是「存存吧」。總之，將旅費存入後，取得銀聯卡，可以撫平長期旅程中身懷鉅款的擔憂，同時晉升為可以刷卡、網路交易一族。

除了「銀聯卡」外，為保障網路交易的安全，工商銀行還會提供U盾或口令卡。口令卡使用方便但有最高交易金額限制。至於U盾，使用前須先開通，連結電腦後，電腦還須下載並安裝網銀助手，才可進行交易。若嫌麻煩，可攜至銀行，請行員協助。

外匯的領取

若旅費不夠，需要家人匯款時，須提供辦卡的分行名、卡號等資訊，且匯款方將支付手續費，大概一週左右可收到匯款，但款項會被換算成美金，因此，在中國臨櫃取款時，要抽「外匯業務」的號碼牌，並向櫃員說要把美金轉成人民幣即可。

工商銀行跨行、跨城市手續費用計算

北京辦的卡，若到上海使用，即使是在同一間銀行存款或取款，都需要手續費。跨城市存款，手續費為金額的0.5%；跨行、跨城市取款，手續費為金額的1%；手續費最高收取100元，最低2元。

何謂U盾？

U盾(USBKey)是中國工商銀行推出的一種網路上識別身分的物件。當用戶進行網上交易時，需先將U盾連結電腦的USB孔，而後在U盾上進行驗證確認後，此筆網路交易才算有效。如此一來，可降低帳戶被盜用的可能性。

上）U盾，外型如同USB硬碟。
下）網頁顯示支付成功。

聯通的電話sim卡。

▶ 四、擁有中國號碼更便利

　　若是長期旅程，建議自備2支手機：一個是台灣號碼，開通漫遊，但不輕易使用，因為不論接聽或撥出，都將由漫遊的這方付費；另一支可插入當地買的sim卡，方便與旅伴聯絡，費用較低，萬一有豔遇就留這個號碼吧！

　　「中國聯通」與「中國移動」是兩大電信廠牌，各有優、缺點，例如，中國聯通的網路快速又穩，但通話訊號較弱。至於手機sim卡與充值卡的購買，可至電信公司直營店、小報亭或雜貨店，在直營店更可洽詢合適的網路方案。

從大陸打回台灣

撥到台灣市話

國際冠碼+	台灣國碼+	區域號碼+	電話號碼
00	886	2（區碼去0，以台北市為例）	xxxx-xxxx

撥到台灣手機

國際冠碼+	台灣國碼+	手機號碼
00	886	9xx-xxx-xxx（手機要去掉前面的0）

從台灣打到大陸

撥到大陸市話

國際冠碼+	大陸國碼+	區域號碼+	電話號碼
002	86	10（區碼去0，以北京市為例）	xxxx-xxxx

撥到大陸手機

國際冠碼+	大陸國碼+	手機號碼
002	86	1xxx-xxxx-xxx（大陸手機多為1開頭，11碼）

▶ 五、中國網路有一道牆

　　艾咪、安伯都喜歡帶著筆電旅遊，晚上在旅舍時可以上網查查資料，又可與親朋好友連繫感情。不過，由於中國的網路管制，在沒有翻牆(如：自由門、VPN)的情況下，將無法瀏覽Facebook、Google、Youtube、Yahoo台灣等等網站。所以，若是臉書成癮，還是準備好翻牆軟體再出發吧！

推薦的中國常用網站

正所謂入境隨俗，有幾個中國當地網站是值得參考的。如：百度(搜尋網站)、大眾點評網(美食評論平台)、QQ(線上聊天)、微博(社群網站)、淘寶網(網路拍賣)。

▶ 六、在中國搭火車 --------------------------------

左）和諧號動車組，類似台灣的自強號。 中）每節車廂入口都有檢票人員。 右）臥鋪火車內部模樣。

　　中國火車購票採實名制，買票時要出示身分證(台胞證)。每張車票可改簽一次，但只能車站辦理，差價多退少補。以下為旅客最常使用的車種(以車速快慢排序)：高鐵(G)、動車(D)、特快(T)、快車(K)。訂票時務必確認好車次、日期、時間，以及出發車站和抵達車站。因為，光是北京，就有好幾座車站，各自距離又遠，所以不得不謹慎！至於購票管道有：現場人工窗口、電話、網路。欲查詢火車時刻、票價、餘票，或註冊、線上購票，就上中國鐵路網：www.12306.cn

　　車站售票處、街道代售點，都是現場購票、網路預定後取票的地點。網路預定之取票除了需要出示台胞證外，還要提供一組訂單序號給窗口服務人員看，而這組號碼會在訂票後以簡訊方式告知。

　　進車站前，需要通過安檢，為避免因排隊過久而錯過火車，建議提早一個半小時到達車站。因為在發車的前5分鐘，將會停止驗票，此時旅客將無法再入站搭車。

　　若搭長途火車，由於時常要10幾個小時才能到達目的地，因此「臥鋪」是最佳選擇。發車時間也建議挑選傍晚的班次，如此一來可在車上過夜，就省下一晚住宿費了。建議大家買硬臥，價格比軟臥便宜，舒適度又比硬座、軟座好上百倍。若只能買到坐票，上車後可與工作人員反應想補臥鋪票；若不幸只買到站票，可先到餐車點杯飲料坐著，等待補位，又或者直接在餐車過夜也不成問題。

火車票有紅色(一般票卡)、藍色(電子票卡)，但用途一樣。

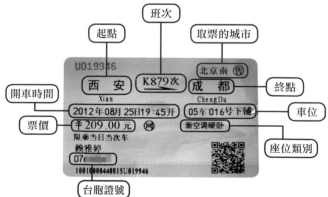

班次 · 起點 · 取票的城市 · 終點 · 車位 · 座位類別 · 開車時間 · 票價 · 台胞證號

火車臥鋪怎麼選？

臥鋪有硬臥、軟臥兩種選擇。軟臥只分上下鋪，空間大，4人一間，有門可掩，具隱私性，但頗貴，所以像艾咪、安伯這種比較不怕生、怕窮的背包客，通常會選「硬臥」。硬臥分為上鋪、中鋪、下鋪，票價遞增，要如何選擇則視個人需求。

若行李多，建議買下鋪或中鋪。下鋪的好處是空間最大、放行李方便，但易有遭竊的疑慮。且白天時刻，中鋪和上鋪的人極有可能會坐在下鋪休息聊天，所以有潔癖的人還是避免訂下鋪吧！

至於中鋪的好處，就是爬上去也不算困難，且可將行李一併拿上去置放，減少遭竊的機率。而空間方面，155公分的人要坐挺沒問題，但再高一點的人，就會感到壓迫。

若想身處置高點，擺脫一切紛擾，就選上鋪。在這小小空間裡，睡相可以恣意難看也不必擔心被人看見，正所謂「高」枕無憂。但缺點就是空間太小，一般成人是無法坐挺的，勢必得卑躬屈膝，不甚舒坦。且須具備強健體格、靈敏的肢體協調，才可順利地攀爬上去。所以，老人家睡下鋪較舒坦安全，上鋪還是留給年輕人鍛鍊吧！

1	2	3
	4	5

1）硬臥車廂，分三層床。 2）硬座車廂。 3）軟座車廂。4）動車內的商務車廂。
5）軟臥車廂走道。軟臥車廂裡每間房有4張床，並設有拉門可關閉，較有隱密性。

購票時機

現場購票：出發日(含)前10天開賣。

網路、電話購票：出發日(含)前12天開賣。

左）在北京街道上的火車票代售處。
右）在成都街道上的火車票代售處。

▶ 七、旅舍的選擇

　　青年旅舍(Youth Hostel)俗又大碗,是背包客的首選。持青年旅舍卡(YH卡)又可再享住宿折價。值得特別注意的是,在中國任一旅舍入住登記時,每人務必出示台胞證,否則將會無法入住。

　　除青年旅舍外,連鎖酒店如:錦江之星、如家、7天、漢庭、格林豪泰等經濟型旅館,也可列入考慮。只是對我們來說,青年旅舍的國際化氛圍較具吸引力,有些還設有餐廳、交誼區,富有年輕活力與獨特風格,住起來較有樂趣。只是,青年旅舍不是一般飯店,入住前最好自備盥洗用具。

上)台灣辦理的YH卡。
下)中國辦理的YH卡。

YH卡的辦理

　　可至台北車站東二門3樓的中華民國青年之家協會辦卡,費用為600元台幣,卡片期限1年,持舊卡換新卡者可享50元台幣折價。若已身在中國,也可於當地的青年旅舍辦卡,費用為50元人民幣。

　　另外,台灣的青年之家協會也有「國際學生證」的辦卡服務。在中國的許多景點,學生可享半票優惠,但研究所以上的學生卻常常不在此優惠行列。所以,建議這些熟齡學生們在出發前,憑已蓋註冊章的學生證或在學證明先辦妥國際學生證。8月31日以前辦證,期限至當年年底;9月以後辦理,期限可到隔年年底。辦卡費用為350元台幣,因此,只要去3個景點以上就算值得了!

中華民國國際青年之家協會:www.yh.org.tw
國際青年旅舍聯盟組織:www.hihostels.com

線上訂房常用網站

中國國際青年旅舍:
www.yhachina.com
● 須以YH卡號訂房

Hostels Worldwide:
www.chinese.hostelworld.com
● 青年旅舍選擇多

Hostelsclub:
www.hostelsclub.com
● 青年旅舍選擇多

背包客棧:
www.backpackers.com.tw
● 推薦「訂房比價」功能

攜程旅行網:
www.ctrip.com
● 可預訂機票、火車票、旅館

Agoda:
www.agoda.com.tw
● 以旅館、飯店為主

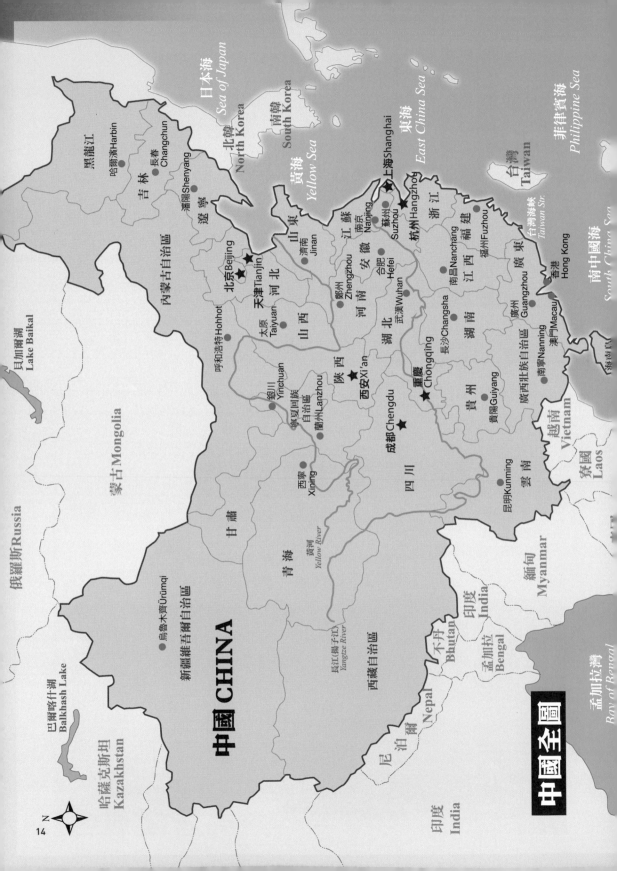

日本海
Sea of Japan

南韓
South Korea

北韓
North Korea

東海
East China Sea

菲律賓海
Philippine Sea

黃海
Yellow Sea

台灣
Taiwan

黑龍江 Harbin
哈爾濱 Harbin

吉林
長春 Changchun

瀋陽 Shenyang
遼寧

上海 Shanghai

南中國海
South China Sea

台灣海峽
Taiwan Str.

內蒙古自治區

山東

江蘇
南京 Nanjing
蘇州 Suzhou
杭州 Hangzhou
浙江

南昌 Nanchang
江西
福州 Fuzhou

北京 Beijing
天津 Tianjin
河北

濟南 Jinan

鄭州 Zhengzhou
河南

合肥 Hefei
安徽

武漢 Wuhan
湖北

廣東
廣州 Guangzhou
香港 Hong Kong
澳門 Macau

呼和浩特 Hohhot

太原 Taiyuan
山西

西安 Xi'an
陝西

重慶 Chongqing

長沙 Changsha
湖南

貴州
貴陽 Guiyang

廣西壯族自治區
南寧 Nanning

越南
Vietnam

寮國
Laos

貝加爾湖
Lake Baikal

銀川 Yinchuan
寧夏回族自治區
蘭州 Lanzhou
甘肅

成都 Chengdu
四川

雲南
昆明 Kunming

西寧 Xining
青海

黃河
Yellow River

緬甸
Myanmar

蒙古 Mongolia

俄羅斯 Russia

烏魯木齊 Ürümqi

新疆維吾爾自治區

中國 CHINA

長江(揚子江)
Yangtze River

西藏自治區

不丹
Bhutan

孟加拉
Bengal

印度
India

巴爾喀什湖
Balkhash Lake

哈薩克斯坦
Kazakhstan

尼泊爾
Nepal

Nepal
尼泊爾

孟加拉灣
Bay of Bengal

印度
India

N

中國全圖

ROUTE
旅行路線

▶ 艾咪、安伯的行程規畫 ----------------------------------

北京(10天)→天津(3天)→西安(6天)→成都(4天)→重慶(3天)→
杭州(3天)→上海(4天)，共計33天。

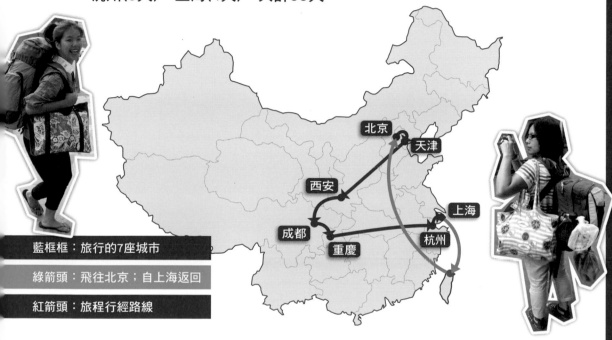

藍框框：旅行的7座城市

綠箭頭：飛往北京；自上海返回

紅箭頭：旅程行經路線

　　將近1個月的時間，艾咪、安伯就這樣踏著瘋瘋癲癲的腳步遊遍中國7大城市。首先，我倆先飛往北京，感受首都的文化與城市氛圍，而後前往各城市的移動，則是藉由「火車」來完成。最後，才從上海飛回台灣，畫下一個美麗的句點。

　　若時間與經費充足，艾咪會想在「成都」待久一點，這樣就能泡在三星堆博物館一整天也不嫌趕，或是每天都吃麻辣火鍋吃到爽；而對安伯而言，「西安」、「上海」才是最令人意猶未盡的城市，彷彿怎麼玩都玩不到盡頭！

　　另外，若只想來場短暫旅行，艾咪建議可將此7座城市分為3大區塊，分別為「北京-天津區」、「西安-成都-重慶區」、「上海-杭州區」，之後再任選一塊最感興趣的區域來展開中國城市之旅，估計費時1～2週。而這些城市都建有機場，從台灣幾乎都能直飛抵達，抵達後則建議透過火車作城市間的移動，更有一股刺激探險感。

城市一天的花費

　　中國城市的物價，在大城市裡會稍高，以下依據筆者經驗，列出每人每日大約的花費，讓讀者在行前規畫時，能夠有參考的指標。

北京 古蹟、胡同一日遊

吃	北京早點 (豆漿+小籠包)	7	共202元	一人一天 約501人民幣
	道地北京味-姚記炒肝	25		
	知名連鎖火鍋店-海底撈	164		
	茶水+果汁	6		
玩	頤和園門票	30	共130元	
	拉車遊胡同(可喊價)	80		
	忍不住買的紀念品	20		
行	公車	2	共10元	
	地鐵	8		
住	青年旅舍(YH)	159	共159元	

天津 異國風情一日遊

吃	天津小吃 (麻花捲+煎餅果子)	8	共131元	一人一天 約249人民幣
	南市食品街午餐	40		
	狗不理包子1粒	20		
	義式風情區西餐廳	60		
	水	3		
玩	遊覽五大道的小車	20	共20元	
行	公車	6	共8元	
	地鐵	2		
住	賓館	90	共90元	

上海 浦東一日遊

吃	美式早餐	50	共176元	一人一天 約687人民幣
	小楊生煎包	24		
	濱江大道浪漫晚餐	94		
	莉蓮蛋撻	8		
玩	東方明珠塔門票	120	共167元	
	明信片	21		
	郵票	26		
行	外灘夜店	100	共180元	
	觀光隧道	50		
	觀光巴士	30		
住	青年旅舍(YH)	164	共164元	

杭州 西湖一日遊

吃	旅舍早餐	55	共117元	一人一天 約323人民幣
	叫化雞+東坡肉	30		
	河坊街小吃	8		
	伴手禮-花生酥	10		
	南宋御街宵夜	12		
	水	2		
玩	遊西湖觀光車	50	共110元	
	河坊街素描	60		
行	公車	6	共6元	
住	青年旅舍(YH)	90	共90元	

西安 兵馬俑一日遊

吃	羊肉泡饃	20	共88元	一人一天 約332人民幣
	路邊小吃店	10		
	德發長餃子館	54		
	水、飲料	4		
玩	兵馬俑門票	130	共130元	
行	兵馬俑園區內電瓶車	14	共38元	
	公車(含往兵馬俑的車資)	18		
	地鐵	6		
住	青年旅舍(YH)	76	共76元	

成都 蓉城一日遊

吃	成都早點 (香餅2個+豆漿)	9	共146元	一人一天 約603人民幣
	錦里小吃	30		
	蜀九香火鍋	100		
	果汁+水	7		
玩	武侯祠	60	共340元	
	逛春熙路看美女	0		
	錦江劇場變臉秀	280		
行	公車	8	共20元	
	出租車	12		
住	青年旅舍(YH)	97	共97元	

重慶 山城一日遊

吃	永和豆漿早點	20	共84元	一人一天 約216人民幣
	竹筒粽+涼粉	7		
	迪胖麻辣火鍋	54		
	水	3		
玩	解放碑	0	步行 免費	
	洪崖洞	0		
	朝天門	0		
行	公車	4	共6元	
	地鐵	2		
住	青年旅舍(YH)	126	共126元	

北京
BEIJING

昔日皇城，今日的中國夢之都

北京，一座中軸線一分為二的皇城。
北京，一座融合中國風與現代化的首都。

故宮、頤和園是古北京經典；
胡同、人力車有老北京回憶；
鳥巢、水立方是新北京符號。

北京，搭載無數人中國夢的城市，
北京，一處未來無限可能的所在。

北京
BEIJING

　　北京具有濃厚的帝都氣質,是元、明、清都城所在,亦為戰國七雄燕國舊址,昔稱燕都、燕京,知名廠牌燕京啤酒即以此為名,昔日刺秦首腦燕太子丹也正是北京人。若以城牆劃分,京城可分為:外城、內城、皇城、紫禁城。另外尚有一條長約8公里的南北中軸線,自元代至今貫穿北京使其東西對稱,歷代龍椅即置於其上,壯美秩序因此建立。而現代北京的環狀道路則以故宮為中心,向外擴展為二至六環,越中央越繁華,房價也越高,「蝸居」租屋族住在狹小居所,高房價反映房奴心酸。而車多人更多亦是北京城的老問題,首都即是「首堵」,塞車所形成「最美麗的風景線」時時刻刻都在上演。但儘管居北京大不易,北京戶口的取得卻還是人人趨之若鶩啊!

上)天壇——為古代天子祭祀的場所。
下)天安門傍晚遠景。

但提起北京，不免想起故宮、天壇、頤和園、圓明園，古靈精怪的環珠格格、愛翻牌的雍正與甄嬛、令人臉紅心跳的貝勒爺，以及最敗家的歐巴桑慈禧都浮現腦海。而俏皮可愛的兒話音更是北京特色，當地人總愛說「沒事兒」（沒關係）。而在這文化深厚，包容性又大的北京，隨處可見新奇、具風格的藝術小店，胡同搖身一變成為創意基地，同時也是老北京日常生活所在，嬉戲的兒童與打牌的老人皆是風景。

北京奧運後，城市建設以驚人速度翻新，國家體育館、水立方極具現代化。但不少胡同的拆除爭議，也說明在此面臨新與舊的拉扯。所以北京彷彿像個樸素的老太太，在歲月歷練中不斷充實、挑戰自己，有個人品味、創意，散發獨特魅力，她可能不太愛乾淨，有點隨性卻又有些固執霸道，不過進一步認識後會忍不住想再多聊幾句，就是很有味道、親切又具吸引力，更特別的是，這兒的格格真的很多！

上）胡同裡的拉車。
下）老舍茶館內的京劇表演。

格格吉祥

格格吉祥

國家體育館(俗稱鳥巢)是目前中國最大的綜合室內體育館。

北京小導遊

京

高校教師　梁岩
　　西單是年輕人週末逛街的好去處，就像是我們的第二個家，西單愛我我愛它。

自由業　李月溪
　　黃昏時刻到「景山公園」登高可欣賞北京全景，很美；想吃正宗北京點心就到「護國寺小吃」；更不可錯過極為壯觀的「長城」。

慕田峪長城一景。

INFORMATION
實用資訊

‖ 北京大眾交通工具的小知識 ‖

■ 火車站

　　北京主要的火車站為「北京站」、「北京北站」、「北京西站」、「北京南站」，其中北京南站為高鐵站，亦是京津城際列車(往天津)與京滬高鐵(往上海)的始發和終點站。此4站皆設有地鐵，北京站在地鐵2號線上；北京北站位於2號線上的「西直門站」，亦連結4、13號線；北京西站在9號線上；北京南站位於4號線上。

左）北京南站主要行駛高鐵、和諧號動車組。
右）北京南站的候車區。

■ 地鐵

　　北京地鐵標誌為圓圈內連結一個矩形，昔日初到北京時，還誤以為每個都是D出口。票價不論遠近，一律2元超便宜，所以購票時可直接選擇張數。入站時須安檢，站內可飲食，目前地鐵線已達15條，其中1、2、4號線上景點較多，旅人可多利用。首末班車大約為5點與23點左右，但不同路線略有差異。另外尚有機場線連接市區與首都國際機場，此須另外購票，票價為25元，東直門、三元橋皆有站點，直達3號、2號航站樓。上下班時間旅客眾多，須小心扒手，並站穩以防遭人推擠跌倒。

上）尖峰時刻的地鐵站內人潮眾多。
下）地鐵列車。

上車有祕訣，下車有技巧

尖峰時刻上車時，與夥伴手拉手一鼓作氣擠上去，以免被人潮拆散。上車後，盡量死守車門口，因為在車廂深處想下車很費勁，但若不幸如此，不妨學學北京人向擋路者問：「下車不？」若那人說「不下」，就跟他交換位置，反之，就尾隨著他一起下車。（想當初艾咪被問：「下車不？」心裡納悶著：我下不下車關你何事！現在想想真不懂事啊！）

旅客在擁擠車廂內，動彈不得。

■ 出租車

3公里內起步價13元，之後每公里跳表2.3元，另收1元燃油費。晚上11點至清晨5點，起步價則是14.4元。下車可索取小票，可作投訴（若被繞路）或找回失物的依據。另外，北京人頗有方向感，被問路時總是告知東南西北，不講往左或往右，所以若知道目的地方向最好順向打車，因為有些路段不好迴轉，而且司機有時也懶得迴轉。高峰期眾人搶車的情況比比皆是，物競天擇的道理證實這是場戰爭！

上）北京車潮多，首都就是首堵。
下）與出租車司機合影。

◎ 北京二三事

司機心事誰人知

北京打車不易眾人皆知。司機拒載短程，在王府井、西單還有高價宰客現象，尖峰時刻又交班休息，讓旅客陷入一輛輛空車駛過卻攔不到車的窘境。但深入探究後得知很多司機來自農村，天天來回長途奔波。車是公司的，有時兩人輪流開一台。一堵車耗油又賠錢，工時長、利潤低，錢都被公司賺去。去機場、車站載客還會被收取費用。年輕D哥為存錢，委身住在簡陋地下室，卻說：「挺好，月租只要500元。」某次我又乘坐出租車，看到駕駛椅背廣告：「北京每天超過3百萬人坐出租車，難怪我這麼忙！」於是，曾經那些在北京打不到車的負面情緒也就釋懷了。

公車售票員。

■ 公交車

　　單一票價1元的公車，上車刷卡後，下車不必再刷；若是分段計價的公車，下車時就需要再刷一次。若沒有「一卡通」，可向售票員表示目的地並購票。

http 北京公交網可查詢旅遊路線：www.bjbus.com

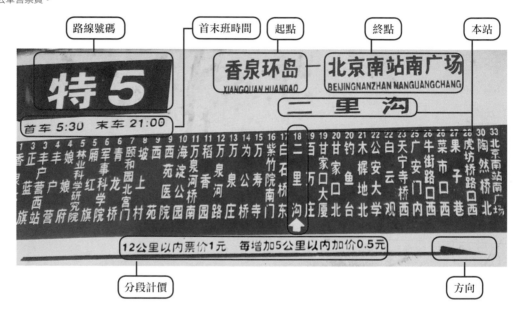

路線號碼　　首末班時間　　起點　　　　　終點　　　　本站

特5

首車 5:30　末車 21:00

香泉环岛　　北京南站南广场
XIANGQUAN HUANDAO　BEIJINGNANZHAN NANGUANGCHANG

二里沟

12公里以內票价1元　每增加5公里以內加价0.5元

分段計價　　　　　　　　　　　　　　　　　　方向

‖「一卡通」在手，旅遊更方便 ‖

　　各站地鐵皆有販售「一卡通」，卡片押金為20元，退卡時會連同押金與餘額一起退費。但退卡業務並非站站都有，若餘額在100元內可到知春路、建德門、雍和宮等10餘站退卡(其他站點可洽地鐵人員)。若卡片內金額超過100元，則須連同台胞證影本、加值時領取之發票，前往西單一卡通服務中心辦理，這裡我去過，專程跑這趟我覺得超麻煩！所以沒事千萬別充值太多，100元內的額度在交通上綽綽有餘。用途廣泛的一卡通，可搭公車、地鐵、出租車之外，也可於便利店、速食店刷卡消費。

✉ 一卡通客戶服務中心：北京西城區西單民族宮大劇院東側

‖ 適合旅遊的季節 ‖

　　北京的春天常有沙塵暴，導致空氣品質不佳。故若2～5月來北京旅遊記得準備口罩。另外，體驗過北京嚴冬的酷寒，才知台灣冬季的溫暖。寒冷的北京冬天乾燥易有靜電，氣溫可下探零下10度，11、12月分都有機會下雪，適合喜歡玩雪、賞雪、滑雪的遊客，但行走時仍需注意腳下融冰，以免滑倒。此時，遊客還需注意保濕、勤擦乳液、敷面膜，並多補充蔬果與水分。

‖ 首都物價高、敏感話題多 ‖

　　北京很大，又常堵車，建議旅客多利用地鐵；北京物價高，顯得錢小，旅舍房費也較內陸高；此外，在北京，政治與國際議題引人關注，如：釣魚台歸屬爭議。故旅遊時應避免敏感話題，在「天安門」一帶更應謹言慎行，此處嚴禁舉紅布條，故團體合影時應一切從簡。遇見抗議的衝突事件，也別湊熱鬧上前拍照，以避免不必要麻煩。

出租兩居室
家用电器齊全 能洗澡做饭 南
北通透 地板白墙 在二层 不租
日本人 钓鱼岛是中国的!!!

租房也可見民族情仇。

‖ 青年交流機會多，央廣活動勿錯過 ‖

　　自2010年起，中央人民廣播電台「你好台灣網」在暑假都會舉辦兩岸交流活動，鼓勵台灣青年報名，通過甄選後，即可免費體驗大陸之旅，結案報告優秀者還可再獲獎金。有興趣者，5、6月就該開始關注最新活動資訊，以免錯過報名時機。歷屆活動主題有「相約世博DV大賽」、「求學兩岸網絡秀」、「台生大陸long-stay」等等。幸運的艾咪曾經以「台灣館紀錄片」獲第一屆首獎；腳骨軟Q的安伯則以「北京歡迎你」創意舞蹈MV獲第三屆的二等獎。

`http` 你好台灣網官網：www.hellotw.com

左）艾咪獲「相約世博DV大賽」首獎。
右）安伯參加「台生大陸long-stay」出發儀式。

京 玩樂情報 FUN TIME !

01. 頤和園

原名「清漪園」，建於康熙盛世，晚清改名為「頤和園」，作為慈禧太后晚年頤養之所。亦為多次歷史事件的舞台：英法聯軍的破壞、挪用海軍軍費的重修、八國聯軍的入侵，還有戊戌變法(百日維新)起點的仁壽殿、光緒遭幽閉的玉瀾堂。

地址：北京市海澱區新建宮門路19號／**電話**：(010)62881144／**時間**：旺季：06:30~20:00(售票至18:00止)；淡季：07:00~19:00 (售票至17:00止)／**價錢**：旺季全票30元(學生半票)、聯票60元；淡季全票20元(學生半票)、聯票50元／**交通**：要到園區的東宮門(正門)，可搭乘地鐵4號線到西苑站，自D口出，往同慶街步行500公尺可到達；另，園區的北宮門處亦有地鐵站／**網址**：www.summerpalace-china.com／**注意事項**：旺季為4/1~10/31；聯票包括頤和園、園中園門票，沒有半價優惠；園中園包括文昌院、德和園、佛香閣和蘇州街，旺季開放到17:00，淡季到16:00。

左）頤和園東宮門。
右）仁壽殿是光緒接見康有為的地方，而後才下詔進行戊戌變法。

頤和園搶先看

園內以佛香閣、長廊、清晏舫、蘇州街、十七孔橋、銅牛、諧趣園、大戲台最具代表。如果夠幸運可能還會看到一位打扮「前衛有型」的老者，艾咪每次來到頤和園都會看到他，但至今仍摸不透他的穿衣哲學。

偌大的頤和園，要細細遊覽估計得花1天，而艾咪與安伯的遊覽路線為東宮門→仁壽殿→長廊→清晏舫→蘇州街→搭船至南湖島→十七孔橋→東宮門，一趟下來半天左右。想要進一步了解，可上精緻的頤和園官網，線上導覽一番或查看園區地圖。

頤和園好好玩喔！

老夫老妻玩清宮Cosplay。

頤和園一角，昆明湖上的腳踏船與荷花。

上）蘇州街與水道上的搖櫓船。
右）世界第一長廊。

乾隆在蘇州街扮家家酒

　　這裡真的是殺時間的奢侈大樂園，還有金氏世界紀錄中，世界最長的長廊，安伯幻想著慈禧太后整天閒閒沒事在這晃啊晃，累了就坐下翹著二郎腿抖抖腳。

　　還有，園區內的「蘇州街」根本是把整個市集搬來，據說乾隆下江南難忘蘇州之美，返京後下令仿造一條江南Style的買賣街，由太監扮商人，宮女扮顧客，一切商品都是木製道具，簡直是場盛大擬真的皇室扮家家酒。不過，遊覽蘇州街須以10元另外購票，除欣賞水街景致外還可購物。

艾咪每回到訪頤和園，必會巧遇的神祕潮叔

02. 什剎海

交通：搭乘地鐵6號線到北海北站B出口，步行約10分鐘可達；或搭乘13、42、107、111、118、701等路公車到北海北門，步行約5分鐘可達／注意事項：「恭王府」即在附近，建議可先前往遊覽；位於前海與後海間的「銀錠橋」是必訪景點；推薦的餐館有銀錠橋旁的老字號「烤肉記」。

什剎海是前海、後海、西海的統稱，前海的最南端還有荷花市場的牌樓，所以很多人直接稱這區為「後海」或「荷花市場」，其實指的都是同一個地方。

什剎海日景。

早晨這兒是老北京健身房

這裡的老屋老宅、小巷、四合院，原汁原味呈現老北京市井氣息。周邊的王府建築、名人故居營造十足京味，微風徐徐吹動拂岸的垂柳，更添閒情逸致。消暑勝地的什剎海，一大清早更可見老人家在岸邊運動、伸展筋骨，甚至游泳！真可謂老當益壯，也融入景致成為另一看點。

銀錠橋位於前海與後海的交界處。

早晨在什剎海運動的居民

夜晚這兒的酒吧都在尬歌

夕陽西下、夜幕將至時，湖旁已傳來陣陣歌聲，且多半都是親切的台灣歌曲。熱鬧又悠哉的氣氛就此展開，不同風情的酒吧獻上絕不對嘴的Live駐唱，有時還自彈自唱，但唱功如何就各有千秋、見仁見智了。燈紅酒綠的夜景，慵懶的霓虹燈籠罩露天Lounge Bar，突然有股身在西方的錯覺，啊！原來不同輪廓的臉孔在此匯聚交流是如此理所當然，三五好友把酒言歡，或獨自品酒、聽音樂、賞路人，讓人放鬆一整天疲憊的腳步。除了酒吧，在此也有茶舍、咖啡館、小吃鋪、餐廳，全家大小一起來也能玩得很盡興。

左）什剎海夜景。
中、右）什剎海沿街餐廳。

♥ 貼心提醒
到煙袋斜街挖寶

位在西城區的地安門外大街上設有牌樓，走過前海與後海之間的銀錠橋亦可到達。此處特色小店林立，西藏風格的飾品店頗多，人潮絡繹不絕，酷似熱門胡同「南鑼鼓巷」，但不同的是文化氣質，更狹小、拐彎多的創意古街彷彿是「東方哈利波特斜角巷」，石頭路上無數麻瓜狂按快門，非常沉浸在小斜街的奇幻氛圍。

左）位於地安門外大街上的煙袋斜街牌坊。
右）煙袋斜街人潮絡繹不絕。

03. 鐘鼓樓

很多城市都有鐘鼓樓，在古代定更擊鼓、撞鐘報時，文武百官上朝、百姓生活起居皆以此為準，因為古人沒有手表跟鬧鐘，鐘鼓樓就是他們的報時器。

地址：北京市東城區鐘樓灣胡同臨字9號／電話：(010)84027869／時間：09:00～17:00(售票至16:30止)／價錢：鼓樓20元；鐘樓15元；鐘鼓樓通票30元(學生半票)／交通：搭乘地鐵2號線到鼓樓大街，步行約15分鐘可達；或搭乘5、60、82、107、124等路公車到鼓樓／注意事項：無休；鐘樓樓梯十分陡，爬行時須提高警覺，緊握扶手。

鏘鏘鏘

鐘鼓樓是古人的鬧鐘

鼓樓屬陽，鐘樓屬陰，所以來到這裡，有些拉車師傅會建議參觀鼓樓即可。鼓樓裡有定時擊鼓演出，甚有氣勢。而鐘樓曾毀於火災兩次，所以現改製成磚石結構。大鼓上的多處刀痕源自於八國聯軍。

另外，還可了解古代計時器的運作：當香燒到某刻度，小銅人會敲鑼，作擊鼓之提醒，聽到鼓聲後，鐘樓那邊就會敲鐘。鐘聲代表帝王喉舌，早晨告訴百姓：「別睡懶覺！起床勞作幹活！」晚上則是：「回家啦，別在外逗留！」這裡也有定時的免費導覽，不妨多加利用。

鐘樓　鼓樓

陡
鼓樓階梯陡峭

破
八國聯軍後殘留的破鼓

西方遊客樂看擊鼓表演

帥

咚
擊鼓女孩

Go！三輪車胡同遊

在鼓樓前，許多熱情過火的拉車師傅會不停推銷胡同遊，並依不同面相痴呆程度開出不同價格。一輛車可坐兩位，我們殺到以120元成交，但應該還有下殺空間。一路上師傅會口述胡同歷史，解釋「門當戶對」：門前石墩是「門當」，代表這家的職業，方為文、圓為武。門楣上的椿稱「戶對」，越多官越大，古人結婚前會來探看，數量一樣才能結婚。途中還被帶去國盛胡同參觀百年歷史的老四合院，門票1人20元。安伯就像被灌迷湯般地走了進去，但艾咪心想這分明有合作嘛。罷了！旅遊嘛！主人張曼昊女士詳細解說四合院歷史，還拿出泛黃老照片介紹所有家人。而胡同遊結束後，拉車師傅還會要小費，給他20元竟被嫌少，聽說有人只給10塊，所以大家就自己斟酌吧！

我也要小費！

安伯與拉車師傅玩角色互換。

戶對

門當

國盛胡同18號

商業氣息濃厚的古典街道。

04. 南鑼鼓巷

以鼓樓東大街為界，以北為北鑼鼓巷，以南即南鑼鼓巷。後者南止於地安門東大街，始建於元代，為緊鄰皇城的顯要區，文人雅士、達官貴人都曾在此走過。街道全長786公尺，兩側分布著8條平行胡同，呈魚骨狀又像蜈蚣，故也稱「蜈蚣巷」，為元代棋盤式院落。

地址：北京市東城區南鑼鼓巷／時間：一般店面營業到晚上11點左右，餐廳、酒吧到凌晨2點左右，冬天則會提早打烊／交通：搭乘地鐵6號線到南鑼鼓巷；或搭13、60、118、612、623路公車到南鑼鼓巷；或搭107、124、635路公車到寶鈔胡同／注意事項：知名的「文宇奶酪」位在南鑼鼓巷49號。

左）創意商品——筆記本總有經典標語。
中）創意商品——文革時期的紅衛兵造型布偶。
右）酒吧的窗口。

鼎沸的南鑼鼓巷&寧靜的北鑼鼓巷

不可錯過的「文字奶酪」雙皮奶

到南鑼鼓巷看美女、吃奶酪

　　巷道上林立許多創意餐館、溫馨咖啡店、舒服小酒吧、文清風格個性小店，還有開放露天花園的北平青年旅舍。分支的胡同內尚有歷史民宅，在現代的新潮風格裡保存濃厚老北京味道。號稱明星工廠的中央戲劇學院亦在此處，所以眾多人潮中，除了老外、年輕遊客，型男潮妹也不少，因此來這「看人」也是一大樂趣。

而總是大排長龍的百年老店「文字奶酪」為必去景點。店內主要賣奶酪(酸)和雙皮奶(甜)，艾咪和安伯難得立場一致，都覺得雙皮奶無敵爆炸好吃，不但甜而不膩、而且入口即化，奶味超飽滿，遍布整個口腔，瞬間想到媽媽，因此當下就冷落了另一盒奶酪。

街上的潮流母子檔

安伯的吃吃買買

05. 恭王府

定都北京後，旗人占據內城，為上朝方便，眾多王府皆鄰近皇城，什剎海區更是貴族聚居地。恭王府曾是乾隆寵臣和珅與自強運動推動者恭親王奕訢的居所，是中國現存唯一保存完整的清王府。清朝12位皇帝中有6位在此留下足跡，正可謂「一座恭王府，半部清朝史。」

地址：北京市西城區前海西街17號／電話：(010)83288149／時間：旺季：07:30～18:30(售票至16:30止)；淡季：08:30～18:30(售票至16:00止)／價錢：全票40元；系列遊門票70元(學生半票)／交通：搭地鐵6號線到北海北站B出口；或搭乘13、42、107、111、118、701等路公車到北海北門，皆需步行10～15分鐘／網址：www.pgm.org.cn／注意事項：旺季為3/16～11/15；系列遊內容包括：門票、景點及展廳講解、王府大戲樓欣賞傳統節目、品嘗蓋碗茶和小吃(行程約2小時)。

左）安伯逛恭王府有感，就地拍起仆街藝術照。
右上、右下）王府戲樓聽戲、喝茶、品嘗小吃，體驗當王爺、格格的感受。

和珅跌倒，嘉慶吃飽

據說中國第一貪官和珅富可敵國，堪稱當時的世界首富、中國的比爾蓋茲。乾隆皇帝死後，嘉慶皇帝隨即將他逮捕入獄，並賜他自盡，家產充公。被抄家後金銀財寶更是三天三夜都運不完，可比國家好幾年的稅收，所以有句話說：「和珅跌倒，嘉慶吃飽。」

必看！康熙御筆福字碑

近代紅學專家認為曹雪芹的《紅樓夢》就是以恭王府為模型，而《雍正王朝》、《戲說乾隆》、《環珠格格》等劇也曾在此取景，話題十足。又據說府內有萬隻蝙蝠圖樣，目的是在求福，其中最夯的是「康熙御筆福字碑」，遊客大排長龍就為了摸天下第一福，希望沾點福氣。

祕雲洞內藏福字碑，是康熙皇帝的御筆，又稱天下第一「福」。

1日遊特輯 什剎海

由於恭王府、什剎海酒吧區、煙袋斜街、鐘鼓樓、南鑼鼓巷等景點彼此距離相近，建議可集中一天遊覽，定個時間表後出發，既省時又滿載而歸。

08:00～10:30	地鐵北海北站行經三座橋胡同抵達「恭王府」參觀
10:30～11:00	前海北沿一路上拍拍照到「銀錠橋」
11:00～12:30	過銀錠橋逛逛「煙袋斜街」，走到最底處有牌樓
12:30～14:00	地安門外大街往北走遇鼓樓東大街右轉，品嘗老北京風味「姚記炒肝」
14:00～16:00	參觀鐘鼓樓
16:00～18:00	行經鼓樓東大街到「南鑼鼓巷」逛逛
18:00～19:00	行經地安門東大街(或搭乘公交)到荷花市場(前海)欣賞沿途夜景
19:00～20:30	再過銀錠橋到「烤肉季」品嘗各式羊肉佳肴與御膳點心
20:30～22:00	選擇任一酒吧享受什剎海悠哉夜生活
22:00	歸途

06. 798藝術區

地址：北京市朝陽區酒仙橋路4號／**電話**：(010)59789798，
59789870／**時間**：10:00～18:00左右(藝術空間)；10:00～22:00
左右(餐廳、商店)／**價錢**：免費／**交通**：搭地鐵2號線到東直門
站轉乘401、418、688、909公車到王爺墳；或搭乘402、405、
445、946、955、973、988、991等路公車到王爺墳或大山子路
口南站／**網址**：www.798art.org／**注意事項**：週一大多展館公
休；去UCCA走4號門直行；去798藝術中心走2號門直行。

這裡是文創產業集聚地，藝術家雲集，類似一個很大的「華山藝文中心」。當年僅是一處破舊廠房區域，閒置的空間吸引藝術家們前來租用改造，而最早進駐的就是798廠，故以此為命名。現在，樸實簡約、包浩斯風格的老工廠充滿藝術氛圍與情調，畫廊、咖啡館、時尚小鋪、文創商店、工作室、公司、藝術書店匯聚在此，以前的老廠房，現在轉變成知青、文青、藝青、遊客甚至北京市民都愛的藝術園地。不過，近年來原本樸實的藝術創作地已漸趨華麗與商業化了。

創意商品。

上、左、右）園區內充滿年輕與潮流氣息。

園區內一景與創意店鋪、商品。

「藝」想不到，超大超好逛

　　有句話是這麼說的：The EARTH without ART, is just EH.（世界沒有藝術就枯燥乏味了），不只讓人會心一笑，還說到心坎兒裡。所以來北京必到798瞧瞧地球人的創意傑作，即使偶爾看到詭異有如外星作品也沒有人會叫他滾回火星。遊客在此可放肆地讓思想全面顛覆，讓新刺激入侵腦細胞，保證整個人會變得更藝術，連拍照的Pose與構圖也是。即使看不懂眼前作品或不青睞也無妨，這就叫作見仁見智。

　　而占地頗大的798肯定可以好好逛上一天，參觀前建議先上官網查看地圖或搜尋哪個藝術空間是自己的「菜」，以免當天到訪時搞不清方向。其中最推薦鋸齒狀的「798藝術中心」與「尤倫斯當代藝術中心」（UCCA），前者有許多藝術展覽，也是798裡的活動訊息集散地；後者多前衛藝術，又有好逛的藝術商店，還可收藏知名藝術家的真品創作。

左）鋸齒狀建築的798藝術中心。
右）尤倫斯當代藝術中心(UCCA)。

798裡的
裝置藝術看不完

走在798裡，藝術雕像如花朵般遍地綻放耀眼，有的用色大膽、有的表情誇張，令人耳目一新。

天兵系列
劉若望(創作者)

大婚
郭心聰(創作者)

凡人——無限柱
向京(創作者)

尤倫斯當代藝術中心(UCCA)入口處的裝置藝術。

園區內的裝置藝術品

園區內的裝置藝術品

艾咪安伯
旅行拍立得

 啪嚓！

2人的隨拍「藝」想世界

　　艾咪與安伯到了798後，不知是變成了藝術家還是瘋婆子，總之，精力充沛的我們，在園區內東跑西跳，跟不少藝術品合照，不亦樂乎呀！

我們誰像？

煩不煩！

07. 王府井

交通：搭乘地鐵1號線到王府井站A出口，往王府井大街直行約5分鐘／注意事項：此區即是北京一處大型的購物商圈，以百貨公司為主，來訪的人則以遊客較多，本地人較少，因為這裡的商品屬於高價位，且較多販售紀念品。

據說古代有許多達官貴人在此修建王府，附近又有一口甜水井，王府井的名號從此名聞遐邇。其實現在的王府井就是條百貨購物街，賣的大多是高檔商品，對於拮据背包客，這裡只適合逛逛走走體驗一下，若真要購物，務必貨比三家，否則容易用光盤纏。比較好逛的是「王府井小吃街」，不僅可以餵飽肚子，在巷尾還可挑挑特色民俗藝品。

爆肚就是羊肚

小吃街尾端的民俗藝品有多樣選擇。

王府井大街。

直奔小吃街吧！

　　偷偷告訴你們，在路段越前面的肉串越貴，1串5元，越後面越便宜，5串10元，不要跟老闆說是我們說的唷！不過艾咪比較好奇的是，蠍子串、海星串、海馬串是啥滋味，賣20元這麼貴，是可以補身子嗎？一位老北京的朋友寶哥說：「那些都是賣給外地人，王府井小吃街是做遊客生意，前門大街也是，賣的都不是傳統小吃，北京人才不吃這些東西！」

派大星
20元

蠍子
25元

海馬
20元

呆呆觀光客買貴貴貴椰子水(15元)。

雪梨湯與椰子水攤位。

走~ 去吃好吃的！

老北京**寶哥**
極可靠的美食嚮導

　　我推薦的都是小眾的特色店。南城「凱琳」是知名老店，滷煮、炒肝都是地道傳統小吃，而「姚記炒肝」我覺得是非常差的；地道涮肉我特推「聚寶源」；涼麵我推新街口的「新川」，那是我們從小吃到大的；鼓樓附近「老馮烤羊蠍子」也不錯；「常營清真小吃街」深藏不露，有家「李小老」芝麻燒餅特有名、好吃。

08. 老舍茶館

以人民藝術家老舍先生命名、「大碗茶」起家的老舍茶館裡，一張票就可以喝茶、看秀、吃點心，為老北京藝術文化愛好者必去景點。

地址：北京市宣武區前門西大街正陽市場3號樓／**電話**：(010)63036830，63021717／**時間**：10:00～01:00(凌晨)；大碗茶：10:00～16:30；演出大廳：14:00～22:00／**價錢**：180～380元(晚場綜合演出)／**交通**：搭乘地鐵2號線到前門站／**網址**：www.laoshe teahouse.com／**注意事項**：晚場綜合演出：19:50～21:20，可於18:00前至官網預定當日座位。

上）店小二會幫客人斟茶。
下）隨票附贈的茶與點心，其中，茶可續杯。

體驗老北京「拍手叫好」的文化

櫃檯先進的電腦選位系統有如電影院劃位，而票價依座位好壞有所不同。古香古色、京味十足的氛圍裡，手影劇、口技、功夫秀、京劇、相聲、變臉、舞蹈、茶藝等表演輪番上演，聽不懂京劇腔也無所謂，兩旁都設有字幕。1個半小時的表演，彷彿穿梭了歲月，連倒茶的服務員都是店小二的裝扮，極有身歷其境之感。表演結束後，可以和大夥一起用力鼓掌、大聲叫好(幾乎是用吼的)，以「偽老北京」的身分體驗傳統茶館裡的熱鬧與暢快。

功夫秀出現超級明星臉

我不是歐漢聲喔！

變臉不翻臉

本人比較帥吧！

變臉表演者的真面目

男服務員都是店小二造型。

09. 國子監街

地址：北京市東城區雍和宮大街國子監街／交通：搭乘地鐵2號線到雍和宮站。

國子監街牌坊前安伯的藝術攝影。

國子監街也叫成賢街，為中國十大歷史文化名街，是條綠蔭古道。孔廟和國子監即建於此，前者為祭祀孔子的場所，後者為最高學府。聽說當時這裡是菁英聚居之地，一眼望去都是絕頂聰明的人，但現在只能看到照片斗大的算命攤與遊客。沿路可見下馬碑石，上頭用6種文字刻寫「官員人等至此下馬」，表達對先祖的崇敬。

甜滋滋驢打滾&濃稠酸奶情

在街道上，有觀光商店也有小吃攤。「驢打滾」是道宮廷甜點，口感彈牙也黏牙，一團一團地在口腔內翻嚼，像是麻糬包著紅豆餡，挺甜的，適合搭配熱茶。據說這是慈禧太后愛吃的糕點，名稱由來自外表一層貌似黃土的粉，就像驢子在地打滾的模樣。

還可品嘗「老北京酸奶」，酸奶其實就是優酪乳。第一口的口感最濃稠，而後就有柔順的酸甜味兒。杯子像個小甕，復古又可愛。費用3元，把杯子帶走收5元。

下馬碑在此 怎不下車？

我不是官員 也沒騎馬

下馬碑石。

艾咪安伯
旅行拍立得

啪嚓！

被酸奶大叔認作女兒

想當初艾咪安伯聊到忘我，將品嘗完的北京酸奶杯帶走，離去時大叔叫喊我們並揮手，還以為是在向我們Say good bye呢，結果他是大喊：「杯子！杯子呀！」

後來我們將當初合影照片親自送給大叔，再次見面時大叔很意外，還請我倆免費喝酸奶(我們絕對沒有「賺到了」的竊喜喔！)深受感動的大叔對艾咪說：「你就作我姑娘吧！」一開始不懂「姑娘」是啥意思，還以為酸奶大叔是想找第二春，經由大叔老婆出面解釋才明白姑娘就是「女兒」。沒想到時常貪玩在外、都快被親爸逐出家門的艾咪，在北京還有人要認作女兒，想來真是溫馨。

驢打滾與酸奶初體驗

姑娘…
是什麼？

你要當我們的「姑娘」嗎？

地址：北京市東城區雍和宮大街五道營胡同／時間：店家通常早上10:00才陸續營業，晚上酒吧可到00:00／交通：搭乘地鐵2號線到安定門站或雍和宮站。

10. 五道營胡同

　　據說這裡曾是明朝兵營駐地，現在就像袖珍版的南鑼鼓巷，號稱「下一站南鑼」，是一條適合散步、發現新玩意兒的地方，兼具創意文化與民俗風情。

五道營街景。

安伯在小腔調明信片店

夜晚，胡同裡的Pub演唱。

北京的傳統汽水「北冰洋」，口味類似芬達。

由於鄰近國子監，古代這裡是文武人士的社區，門前石當多為象徵文人住處的方形。時至今日，許多藝術小店、特色風格餐廳如雨後春筍，更有熱情奔放的Bar，也難怪有許多不同國家的年輕人都聚集在此。有看過電影《春嬌與志明》嗎？胡同裡的「藏紅花西餐廳」就是

春嬌身著黑色露背裝，與志明在北京重逢後的幽會之處。還有間小店讓旅人流連許久，「小腔調」賣的是明信片，但也送明信片，你可以將這免費明信片帶走或寫給陌生人。所以在店裡的紙盒子裡滿滿都是寫過的明信片，有人徵友、有人抒發心情，也可寫一張卡片寄給未來的自己。

可順道拜訪雍和宮

藏傳佛教寺院「雍和宮」就在胡同口的對面，那可曾是古裝劇《步步驚心》裡四爺住過的雍親王府。

方形門當代表是文人住所。

京
玩樂情報

11. 方家胡同

地址：北京市東城區雍和宮大街方家胡同／交通：搭乘地鐵2號線到雍和宮站，或地鐵5號線到北新橋站，出站步行5分鐘。

方家胡同是著名的藝文區，是老舊胡同融合現代藝術的創意一條街，其中最受歡迎的是「46號創意區」。還有許多創意小店分布在胡同各處，劇場、咖啡店、餐廳、酒吧讓旅人可以暫時歇腳，悠哉地享受胡同裡的愜意時光。走進每一條胡同，可以注意看看牆壁上的介紹碑文，了解後逛起來會更有意思。

艾咪安伯 旅行拍立得

 啪嚓！

上廁所？門兒都沒有！

正當艾咪享受愜意的同時，安伯吵著要上廁所，眼前就有一個公廁，安伯蹦蹦跳跳地急忙進去，但隨後又跑出來叫艾咪幫忙把風。原來，這個廁所沒有門！身為台灣人的我倆對於此感到非常驚悚與害羞，也許下回再叫安伯去公廁方便，她會回答：「門兒都沒有！」

大方跨出第一步，與胡同的婆婆媽媽交流

📷 啪嚓！

方家胡同裡一處民宅大門半掩，傳來的是老婆婆們搓麻將的聲音。當下很想進去參觀但又怕被趕，最後想想：「今天不去嘗試，下次也許沒機會了。」所以斗膽地登門拜訪並告知來意，沒想到婆婆卻說：「慢慢看吧！」

老婆婆們很有趣，把艾咪送的鳳梨酥一眨眼的功夫全吃光，還用渾厚丹田大聲道謝，其中一位問：「下回啥時再來北京呀？」艾咪說：「先去別處旅遊但很快會再回來，到時再把照片送給您。」一段時間後，我們帶著當時合影的照片回來了，但這次只見到一位婆婆，而且是一開始最排斥與我們交流的。但此時，婆婆睜大雙眼不可置信地說：「你來了！你真的來了！真守信用！」隨後變得超級熱情，和艾咪勾肩搭背地玩起8連拍。果然，要與人交流，首先自己要先跨出一大步，且是和善真誠的一步，而後他人就會回饋給你真心的笑容與溫暖的回應！

參觀胡同老婆婆打麻將

私闖民宅

沒關係～讓他們拍吧！

唉呀～拍啥拍呀？別拍！

進門打聲招呼獲首肯

送鳳梨酥當見面禮，阿婆們笑開懷

Yeah！真的給我照片耶！

咦？婆婆怎變得這麼熱情啊？

洗出照片當禮物婆婆超開心

嘎？要拍照啊～我都吃完了

1日遊特輯
胡同

比起知名景點，親身走進老胡同更能體驗北京原始風情。胡同裡既不光鮮也不華麗，許多老房子、四合院的歷史年代，比街上所有老人家歲數加總還要悠久。穿著開襠褲(大褲叉子)的小屁孩在街上嬉鬧、中氣十足的老人家在路邊打牌、互串門子的街坊鄰居七嘴八舌、沒門兒的公廁氣味兒飄散、喝杯北冰洋汽水在炎夏午後涼快一下，這才是道地的老北京。而東城區有多處胡同保護區，一眼望去都是古蹟矮房，頗有歷史韻味。

胡同景色。

此區為雍和宮大街上的胡同保護區。

文青味兒的胡同兒在這裡！

　　近年，「方家胡同」、「國子監街」、「五道營」共同發展胡同產業，這裡保有南鑼鼓巷早期的清新氣質，為許多文藝青年愛訪之地，建議可集中一天在此區遊覽，若玩到肚子咕咕叫，還可步行到大紅燈籠高高掛的「簋街」飽餐一頓。

- -

11:00～14:00　從安定門地鐵站B出口過安定門橋進入五道營，逛街並用中餐。
　　　　　　　（若住在附近的青年旅舍，則可任意調整行進路線）

14:00～15:00　雍和宮大街往南走，到成賢街牌坊右轉，開始國子監街的散步。
　　　　　　　（若想參訪雍和宮、國子監與孔廟，估計各花30～60分鐘，可提早出門或壓縮胡同遊時間）

15:00～17:00　安定門內大街往南走，到方家胡同，開始逛街與咖啡館的下午茶。

17:00～19:00　雍和宮大街往南走到東直門內大街，進入燈籠高掛的簋街用晚餐。

19:00～21:00　回到五道營找間酒吧聽歌、小酌放鬆。

　　　21:00　歸途

SHOPPING

京　購物血拼

在北京想去逛街，得先了解自己的需求是什麼？想去批發市場撿便宜就去「動物園」地鐵站，想練練殺價功夫就去「秀水街」購物商場，想融合當地跟北京年輕人一起逛街就去「西單」購物圈。

SHOPPING GUIDE 1
聚龍外貿服裝商城

時間：大約06:00～16:00／交通：搭地鐵4號線到動物園站C出口／注意事項：中國第一大的北京動物園就在此處，而批發市場為一個區域，此區內有很多批發商城。

大型的淘寶勝地，逛到頭暈

地鐵動物園站附近有許多大型的批發市場，如：金開利德、東鼎、天皓成，大到逛到頭暈。而艾咪最愛去「聚龍外貿服裝城」。從地鐵C口出來，面向「天皓成」，背對「金開利德」，往右走會經過韓系風格的「東鼎」，遇十字路口後右轉看到地下通道就是「聚龍」所在了。那像是地下室版的五分埔，價格已偏低，還是可以砍價，只是

聚龍商城的入口。

幅度不高，北京友人都愛來此血拼。不過，批發市場早營業、早關門，清晨多半是店家來批貨，中午開始一般遊客就會陸續湧進，若不想人擠人，上午9點到中午這段時間最適合逛。

聚龍血拼記

營業時的聚龍滿滿人潮

客人討價還價中

壯觀的成果，艾咪曾在此代買20雙雪靴

下午就收攤的聚龍

滿載而歸打車返回

SHOPPING GUIDE 2
秀水街

地址：北京市朝陽區秀水東街8號／電話：(010)51699003，51699074／時間：09:30～21:00／價錢：殺價是必須的，可從原價1～2成開始殺起／交通：搭乘地鐵1號線到永安里站A出口／網址：www.silkstreet.cc／注意事項：步行可到世貿天階。

　　這是棟有許多隔間店鋪的知名商城，包包、鞋子、精品服飾、絲綢、珍珠、瓷器、茶葉、眼鏡、工藝紀念品、玩具、餐廳應有盡有，許多世界政要與明星都到此光顧過，是觀光客心中的購物天堂。

想玩砍價遊戲就來這兒

　　主要客群以遊客為主，所以這裡的店家外語都不錯，就算不太會，也很敢拿出畢生所學的單字，劈哩啪啦地向走過的顧客掃射，積極到有點嚇人。這裡的起價非常高，所以砍價是必須、也是種樂趣，你若不砍價絕對對不起父母！一般基本款帆布鞋開價都是150～180元，但可以砍到50元左右。基本上，建議挑男店員的店去逛，較好砍價，即使不買也不會被潑婦罵街。

上）秀水街內中國風的兒童服飾。
下）以玻璃隔間為主的秀水街購物商城。

砍價的小撇步

　　大約可從原價1～2成開始喊起，若老闆完全臭臉不想理，代表喊得太過火；若他還在裝可憐，你就堅持一下，搞不好會成交。而在這購物的阿豆仔也不是好惹的，想在他們身上卡油也不簡單，艾咪就見到阿豆仔會搶店員的計算機按來按去殺價，原價800元的外套只願出價100元，遭拒後也懂欲擒故縱，假裝離開，讓店家呼喊他們回來低價成交。那位阿豆仔達成目的後的笑容艾咪永遠不會忘。

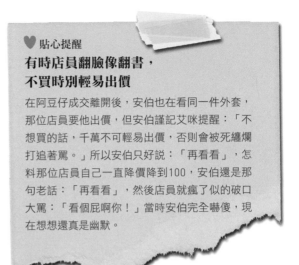

♥ 貼心提醒
有時店員翻臉像翻書，
不買時別輕易出價

在阿豆仔成交離開後，安伯也在看同一件外套，那位店員要他出價，但安伯謹記艾咪提醒：「不想買的話，千萬不可輕易出價，否則會被死纏爛打追著罵。」所以安伯只好說：「再看看」，怎料那位店員自己一直降價降到100，安伯還是那句老話：「再看看」，然後店員就瘋了似的破口大罵：「看個屁啊你！」當時安伯完全嚇傻，現在想想還真是幽默。

熟知殺價技巧的阿豆仔

討價還價

想坑我啊！

女兒加油！

姊姊好強！

走了啦！

好啦！給你啦！

欲擒故縱
成功！

爽！

SHOPPING GUIDE 3

西單

時間：10:00～22:00／交通：搭地鐵1號或4號線到西單站F1出口／注意事項：在此應避免買化妝品、面膜等進口商品，在大陸買反而比台灣貴。

西單是北京人購物的主戰場，大馬路兩旁有許多百貨公司、商城、書城、餐廳、紀念品店，消費族群以年輕人、大學生、高中生居多。這裡人多車也多，跨越馬路通常行走天橋，而天橋還有電扶梯設計呢！此區為一個熱門百貨商圈，是當地年輕人愛逛之處；大悅城百貨比較好逛，有蘋果體驗店、優衣庫(UNIQLO)、ZARA、H&M、GAP、首都電影院等。

大悅城

中友百貨

金庫KTV在此

中友百貨對面就是君太百貨

首推「大悅城百貨」&「金庫KTV」

大悅城那裡有較多中等價位又年輕的品牌，還有一家電影院，而每週二電影票半價，最適合看電影。若有閒時，還可到中友百貨附近的金庫KTV和朋友齊歡唱，每人平均消費約70元，還附餐券，十分划算。

不管是中友或君太百貨或是大悅城，周遭的商場付款方式很妙，要拿著銷貨憑單去統一的收銀台排隊繳錢，然後再回到店裡憑單取貨，和台灣一手交錢一手交貨的方式不同。

西單百貨內的購物流程

選好衣服後，拿著銷售憑單去繳費

收銀台排隊付款後，回店憑單取貨

耶～有新衣服穿了

Delicious Dishes.

▼ 大董烤鴨

地址：北京市東城區東四十條22號(南新倉店)／**電話**：(010)51690328，51690329／**時間**：11:00～22:00／**價錢**：每人平均消費約200元／**交通**：搭乘地鐵2號線到東四十條站，步行10分鐘／**網址**：www.dadongdadong.com／**注意事項**：團結湖店為離地鐵最近的分店，在團結湖站，附近還有三里屯酒吧街；金寶匯店在地鐵燈市口附近，也靠近王府井。

北京烤鴨最早起源於明朝菜市口的「金陵老便(ㄅㄧㄢ丶)宜坊」，屬悶爐烤鴨，名氣最大的「全聚德」則屬掛爐烤鴨。「大董烤鴨」也屬於後者，但以創新的意境菜掛帥，其融合現代藝術與水墨風格的用餐環境，征服不少老外。

酥不膩烤鴨看起來鮮嫩多汁。

左）南新倉店的氣派大門。
中）融合中國文化與時尚氛圍的用餐環境。
右）掛爐烤鴨製作中。

台客都愛「大董」

我倆原本已在前往全聚德的路上，卻在半路被台灣友人攔截去了「大董」，這是間顯少北京人知道，但在台客界超夯，台客們都超愛的時尚烤鴨店。法式風格的擺盤有如電影《飲食男女2》中料理的精緻與細膩。招牌菜有「酥不膩烤鴨」、「紅花汁鱉肚公」、「董式燒海參」。除了烤鴨，我們還點了「綠豆糕」、「椰汁湯圓」、「清炒百合」、「提拉米蘇配糖葫蘆」，3個人一共消費579元。

1	2
3	4

1）清炒百合。
2）綠豆糕。
3）提拉米蘇配糖葫蘆。
4）椰汁湯圓。

「酥不膩烤鴨」好吃到呱呱叫！

除了現場片鴨服務，服務員還會講解烤鴨吃法。第一種，鴨肉與配料一起包在沾了甜麵醬的潤餅皮內；第二種，夾在烤餅裡脆脆地吃；第三種，脆皮沾白砂糖。外酥內軟又熱呼呼的烤鴨皮，穿上晶瑩剔透的糖衣，一送進嘴裡瞬間入口即化，黃金脆皮化為香甜潤滑的美味在舌尖嬉戲打滾。「天呀！這麼好吃的美食，以後再也吃不到的話，該怎麼辦啊！」

1）擺盤講究的烤鴨，色香味俱全。
2）豐富的烤鴨沾醬與配料。
3）主廚身手俐落地現場片鴨。
4）吃烤鴨也不忘吃主廚豆腐。

1		
2	3	4

海底撈

地址：北京有多家分店，可上官網查詢／時間：24小時／價錢：每人平均消費約80元／網址：www.haidilao.com／注意事項：用餐時刻客人多，現場通常要等1～2小時，建議提前幾天電話訂位。

傳奇的海底撈從四川起家，是川味火鍋，在北京、上海、西安、天津、杭州等16個城市擁有近百家直營店，年淨利上億。點餐表格上寫阿拉伯數字，也可點半份，寫0.5即可；招牌為血旺(鴨血)、滑牛肉，腐竹(豆皮)、土豆(馬鈴薯)、紅薯、毛肚(牛肚、牛百葉)，不需沾醬者請向服務員聲明，否則一人份沾醬9元就會被記在帳上。吃不完的菜，只要整盤都沒動過，可以退還店家。

鴛鴦鍋一次滿足辣與不辣的雙重享受。

服務頂呱呱

一般人對大陸餐飲的服務態度是不敢恭維的，但海底撈或許可以為此平反。生意強強滾的海底撈，為避免客人等位時無聊，設有美甲區、桌遊區、上網區、點心區。入場後，服務員會替客人把外套罩起來，也會附上密封袋讓客人裝手機，遇到長髮飄逸的女客人還會提供綁髮的髮圈，貼心舉動令人受寵若驚。

更可愛的是服務員們都會笑容可掬地自我介紹，拉近與客人的距離。若你點了「撈麵」，還有逗趣的撈麵(甩麵)表演可看。鍋底有許多選擇，推薦可點鴛鴦鍋，辣與不辣都滿足，而鍋底也有真空包裝供老饕把美味帶回家，還有外送服務呢！

左）鴛鴦鍋底。

右）沾醬區的多樣醬料可搭配。

上）店外高朋滿座的候位區，生意強強滾。

中）店內提供免費的美甲服務。

下）等位時的小點心，無限量供應。

撈麵表演

放心~哥哥我
技術很好

大哥你別
甩到我啊

這次應該不會
再失敗了吧

有些分店可iPad點餐

iPad點餐的
好處是…

點完可以拍照

1	2	3
4	5	

1）滑牛肉。

2）血旺（鴨血）。

3）黃喉。

4）肉片。

5）腐竹（豆皮）。

護國寺小吃

地址：北京市西城區護國寺大街93號(總店)／電話：(010)66181705
／時間：05:30～21:00／價錢：每人平均消費約20元／交通：搭乘地鐵4號線、6號線到平安里站／網址：www.jdht.com.cn (華天飲食集團旗下有好多好餐廳品牌，從「老號名店」點進去後即可見「護國寺小吃」，裡面有簡介與分店資訊。)／注意事項：建議先點幾道或點最小的套餐，若合口味再大點特點，才不會浪費。

體驗老北京就別錯過小吃13絕：驢打滾、艾窩窩、糖耳朵、焦圈、糖卷果、奶油炸糕、麵茶、沙琪瑪、薑絲排叉、鐵子麻花、豌豆黃、糖火燒、豆餡燒餅。雖然有名，但油炸品居多，不過也許老北京們就是愛那股油香味吧！店內以年長客人居多，或許這裡有亙古銘心的兒時回憶。

左）總店位於護國寺大街。
中）餐廳內用餐環境，客層以老年人居多。
右）套餐內容豐富多樣。

點套餐，嘗遍多樣老北京小吃

20元套餐中，滋味像沙琪瑪的糖耳朵，以及口感像棉花糖的艾窩窩，還有紫米糰和花糕都是口味不錯的小點心。

而傳說老北京小吃中，就屬「豆汁兒」最經典。色澤灰綠、口感醇厚的豆汁，以綠豆為原料，並在製作過程中發酵，所以具有強烈的特殊氣味，初次飲用者會感到不適應，甚至產生抗拒感。

朋友嚇唬說豆汁就像「餿水」，真令人皮皮剉，於是向服務員求證：「你愛豆汁嗎？」他竟果決地答：「不愛！難喝！」不聽勸也不信邪的安伯豪邁暢飲一大口，於是後勁十足的豆汁讓他整天心情低落，悠悠地說：「心情越來越差了……。」可憐的艾咪猜拳輸了，被迫一口氣喝光整碗。此時，安伯竟打嗝了！God！聽說豆汁會緊抓喉嚨不放，氣味像背後靈般終日揮之不去。自從接觸豆汁後，一整天彷彿卡到陰，艾咪還隱約聽見陰風中傳來「我死得好慘啊」的細語……。

姚記炒肝

地址：北京市東城區鼓樓東大街311號(鼓樓店)／電話：(010)84010570／時間：06:00～22:30／價錢：每人平均消費約25元／交通：搭乘地鐵2號線到鼓樓大街，步行約15分鐘；或搭5、60、82、107、124等路公車到鼓樓。

鼓樓旁有兩間店，去的時候常是客滿狀態，知名度高的「姚記炒肝」在網路評價很兩極，這裡給各位食客作個參考吧！

左）一到用餐時間，座無虛席。
右）古典、傳統的店門口。

炒肝是碗黑色勾芡裡有著分量不多的肝與腸，滷煮火燒裡則有豬肺、豬腸，這兩道都是非常受歡迎的北京小吃。因為這兩道口味都很重，單吃有點反胃。聽說北京人吃炒肝喜歡配包子，也許這樣味覺會比較中和吧！雖然嘗第一口的炒肝的感覺是「好腥」，但緊接著卻轉為甜、鹹的交錯口感及些許蒜香。

至於杏仁豆腐，口感滑順冰涼，但味道很淡；名字可愛的焦圈兒，就像炸到非常乾的油條，脆脆的一咬就斷，需搭配飲品，否則會口乾舌燥。而炸醬麵與豬肉包子，味道OK，只是到處都吃得到，缺乏新鮮感。

1	2	3
4	5	

1）滷煮火燒小碗17元。

2）炒肝小碗6元。

3）焦圈2個2元。

4）杏仁豆腐8元。

5）炸醬麵12元。

LET'S CHECK IN!

北京雍和國際青年旅舍

地址：北京市東城區雍和宮大街北新橋頭條胡同56號／**電話**：(010)64008515／**價錢**：多人間床位60元(公共衛浴)；雙人標準間220元；持YH卡可享5～20元會員折扣／**交通**：搭乘地鐵5號線到北新橋站，B出口出來走到雍和宮大街右轉，走沒幾步看見北新橋頭條轉進去，再走100公尺即到／**網址**：www.yhachina.com/ls.php?id=12／**郵箱**：lamahostel@gmail.com。

旅舍位於狹窄的北新橋頭條胡同裡，在那總有休憩的工人與廚師享受著悠閒懶洋洋的午後時光，附近還有美食天堂簋街，以及雍和宮、國子監、孔廟等古蹟。旅舍外觀古色古香，但走進去即可看見富有國際感的交誼廳，不同膚色的旅人把那當作自己家似地窩著。

雍和旅舍交誼空間。

雍和青旅的環境

塗鴉元素結合中國古典裝潢，迸發出國際味十足的旅居環境。

艾咪安伯
旅行拍立得

📷 啪嚓！

擠中作樂又拉筋

雖然空間不大，但懷抱著隨遇而安的好心情，胡鬧的空間還是有的。身為舞者的安伯，在狹窄的宿舍房內也堅持每天拉筋練功，不愧是高手、高手、高高手！只是偶爾露出小底褲，讓艾咪看得好害羞。

討厭啦~ 人家的
小褲褲曝光了

擁擠的多人間宿舍房

選擇「宿舍房」入住，可以多認識一些驢友，感受多一點背包客的氣息。房裡的空間挺小的，顯得有些擁擠與壓迫感，環境也不是很乾淨，好處是房間收得到Wifi，房費也不算貴，且交通又很便利。

再擠也能
ZZZ...

北平小院國際青年旅舍

地址：北京市東城區東四北大街汪芝麻胡同甲28號(東四八條對面)／電話：(010)84048787／價錢：多人間床位80～100元(公共衛浴)；雙人標準間400元，持YH卡可享5～10元會員折扣／交通：搭乘地鐵5號線到張自忠路站，D出口右轉直走，進入第2條胡同(汪芝麻胡同)，再步行100公尺可達／網址：www.yhachina.com/ls.php?id=223／郵箱：pekingyard@vip.163.com。

旅舍位於素雅寧靜的胡同裡，為百年歷史的四合院，據說以前是一名清代宦官的家。

旅舍大紅門。

裝潢與房價都高檔的青旅

打開懷舊的古老紅門，映入眼簾是舒適的布置、國際化的裝飾、寬敞的空間、明亮的採光，具有青年旅舍慣有的活力與朝氣。房間內部乾淨有品味，交誼廳極有設計感還附設早餐咖啡廳，也由於在此才有Wifi，所以各國青年總會膩在這裡，使得交誼廳變得更加溫暖、熱鬧。唯一美中不足的是，入住費用算是青年旅舍中數一數二的高。

標準間

大床間

北京炮局工廠青年旅舍

地址：北京市東城區炮局頭條29號／電話：(010)64027218／價錢：多人間床位50～65元(公共衛浴)；雙人標準間198元；持YH卡可享5～20元會員折扣／交通：搭乘地鐵2或5號線到雍和宮站B出口，向東直行到雍和大廈右轉，進入停車場走到底穿過鐵門，進入炮局頭條直行100公尺即到／網址：www.ploft.cn／郵箱：ploft@yahoo.cn。

據說這裡以前是監獄、軍火庫、工廠，沒有奢華的裝修，為的是保留舊工廠的原貌。在一個個制式的隔間裡，可想像過去繁忙的工作情景與壓抑的情緒，不知又有多少人在此滴下那已被淡忘的汗水與淚水。

位置較隱密，問路找最快

旅舍位於雍和宮地鐵站附近，由於深入胡同所以需要費勁尋找一番。若真的找不到位置，建議可問問附近正在話家常的大姊們。旅舍占地很大，交誼空間還不錯，只是房間有些潮溼，感到令人不舒服，但不錯的一點是房間收得到Wifi。

北平小院環境

此為雙人標間，房間內部潮濕、環境顯舊

舞動北京，以舞會友

為了替這趟旅程留下一段不一樣的回憶，艾咪與安伯計畫拍攝一段影片。「舞動北京」是一個以《北京歡迎你》為襯樂的創意舞蹈MV計畫，一路上安伯遇到無數個陌生人，並與之在不同的北京角落留下舞步。包括：曾擔任中南海保鑣的出租車師傅、胡同裡小朋友、北京大學學生等等。

在北京空中一字劈的安伯剪影。

跳在世貿天階的時尚廊書店。

跳在北京大學圖書館前。

跳在北京舞蹈學院。

跳在婆婆媽媽舞團裡。

跳在頤和園裡的十七孔橋上。

跳在798藝術區。

不怕生的胡同小朋友

　　在胡同裡遇見正在討論圖畫的小朋友們，小女孩對著艾咪劈哩啪啦地介紹圖上畫的是班上的誰誰誰，可惜艾咪一個都不認識，莫非女孩以為艾咪也是同班同學？而後，小女孩說自己在學校學過跳舞，安伯又怎會放過這共舞的大好機會呢？

俏皮的
小朋友

與胡同小朋友相遇

拉車師傅愛上角色互換

　　師傅說：「我是甘肅人，北京人不可能來拉車。」也算是離鄉背井赴京討生活的。為了向師傅致敬，我們提議換安伯為他拉車，起先他認為不妥，豈料最後他竟坐得挺自在，還對著正在錄影的艾咪搖頭晃腦哼起歌來，反倒是安伯上氣不接下氣。

早就想休息的
拉車大哥

好**重**…

與拉車大哥角色互換拍MV

與北京友人「大瓜」合舞在世貿天階。

北京大學遇上ABC

　　安伯在北大圖書館前巧遇一群外籍生，於是厚著臉皮邀他們一起跳舞。他們害羞了一下但隨後又爽快答應，自動地在鏡頭前排成一列，樂在其中並加入自己的律動左右搖擺，跳得可起勁呢！過程中，安伯以不輪轉的英語跟他們溝通「yeah...so..well..you know..」，沒想到其中一位男同學接起了一通電話，竟是講中文，讓安伯糗翻天了！

好活潑的北大生

在北大遇上活潑的ABC

氣質破表的舞者

筋骨軟Q的踢腿

完美的Ending Pose

小雨中的北京舞蹈學院，
貴州姑娘「糾感心」的陪伴共舞

北京舞蹈學院的雨中漫舞

　　原本想找十幾位舞蹈學院學生一起踢幾個正腿，但人算不如天算，到處碰壁碰了一鼻子灰。正當沮喪時，兩位貴州姑娘出現了也願意拔「腿」相助，僅僅歷時15分鐘的雨中拍攝，卻是北京之旅中最讓安伯感動的時刻。

時尚廊內轉不停

北京的「世貿天階」商圈裡，有間很有質感的書店——「時尚廊」，裡頭的員工都很Nice，一聽到我們有個MV拍攝計畫，立即熱情相挺。在書店有限的空間裡，掌鏡的艾咪必須倒退嚕拍攝一個長鏡頭，不跌得狗吃屎就是萬幸。

拍攝的內容是：安伯先是取走一個看書男的綠帽子，又繼續往前移動並接受一個女孩的書本，更滑稽的是每到一個頓點，眾人都要原地自轉一圈，難怪到最後大家都憋不住笑場了！更幽默的是，收工後安伯想要把帽子送給那位男生當謝禮，怎料男孩卻婉拒了，此時旁人大喊：「你怎麼送他綠帽子呢？」哈哈！安伯笑到下巴都快掉下來！

時尚廊書店的一鏡到底拍攝

取走綠帽

旋轉第1圈

接過書本

旋轉第2圈

結束時都笑場

舞動後的北京之旅

完成這部號稱安伯人生代表作的「北京舞蹈MV」後，莫名地我們感到充實。也許是因為透過肢體的舞動交流，我們覺得與陌生人的距離拉近了，且每個人的心也變得更真誠、可愛。如果說，每個人都可以用自己的方式來紀錄旅程點滴，那麼，「跳舞日記」就是我們選擇的方式，且確實讓我們留下最不一樣的回憶。

玩到瘋的受訪奇遇

在什剎海接受東森新聞的採訪。

那位大嬸
是誰啊？

在頤和園接受中視新聞的採訪

旅程一開始，我們參加了北京中央人民廣播電台「你好台灣網」所辦的兩岸交流活動，而開幕儀式那天現場來了許多記者，當記者們聽聞艾咪、安伯的「台妹創意遊中國」企劃後，都感到很有興趣，因此表示欲替我倆作個專題報導。

這是段很特別的北京經驗：分別接受2次廣播、新聞採訪。透過媒體的報導，也讓台灣的親友知道我們過得很好、很快樂，也長胖長壯了！安伯的雙下巴、艾咪的肚子都跑出來了。而不管是中視、東森或央廣的記者，我們都能感受到他們不僅僅只是想完成工作，而是真正用心地與我們交流，如同真誠的朋友。也感謝他們對於我倆的大陸之旅感到興趣，並做成專題讓這段美好回憶留下紀錄。

中央人民廣播電台的採訪。

安伯請求記者當舞群

遲鈍

中視記者最受安伯折騰！

來頤和園的這天，是中視記者小馬與徐克的跟拍日，起初有點緊張，但幽默風趣的他倆一下子就讓氣氛活絡起來。

不過這天，安伯並不滿足於只在頤和園獨舞，見兩位記者好說話，竟指導起他們擔任舞群，只是後來因為記者先生肢體實在太僵硬而作罷。但收工後和我倆一起合拍跳躍照時，他們卻生龍活虎、筋骨全開，令人懷疑方才的肢體不協調是否是裝的。

有緣千里來相會的美好

在北京的最後一晚，我們號召所有北京朋友 起到西單的金庫KTV唱歌，小馬、徐克也帶一些記者朋友一起參加，所以在座的人有些彼此都互不相識呢！即使如此，這種萍水相逢、有緣千里來相會的緣分仍是非常美好！

(左起) 徐克、安伯、小馬、艾咪在頤和園留下青春身影的瞬間。

有緣千里來相會，新朋友相約歡唱搏感情

天津

TIANJIN

東方與西洋風情完美並存

追尋老天津的回憶，走訪古文化街，尋蹤感受百年前「津門故里」的民居氛圍；迫求新天津的印象，沿著海河漫遊，讚嘆著流光溢彩的夜色橋景與「璀璨津灣」。

這裡離北京很近，一樣古典，卻少了點霸氣、多了些閒適；這裡離北京很近，租界風情卻已深入全城，宛如置身歐洲。

圖片提供／陳逸璟

天津
TIANJIN

　　天津即「天子津渡」，象徵皇帝車馬所渡之地，為武術名家霍元甲的故鄉，末代皇帝溥儀故居「靜園」亦在此處。起初天津只是一個村莊小碼頭，西元1860年英法聯軍後開港通商，各國租界區紛紛設立，天津於此時才逐漸發展起來。中西合併的城市風貌裡，存在著歐式風格的小洋樓，如：五大道、義式風情區；也保有老城廂風味的古舊街區，如：古文化街、鼓樓一帶。

　　天津民間藝術以「泥人張彩塑」、「楊柳青年畫」最著名；「狗不理包子」、「十八街麻花」、「煎餅果子」則是在地名小吃；而相聲更是天津重要代表，馬三立、侯寶林、郭德剛都是天津著名的相聲演員。這裡如同小上海，雖無外灘那般的豪華、時髦，但歐式風情略顯相似。近年來，天津的城市形象宣傳，已逐漸從中國風、傳統市井文化轉型為洋氣十足的租界風情。同時，也吸引越來越多電影來此拍攝，如：《白銀帝國》、《非常完美》、《梅蘭芳》、《建國大業》攝於義式風情區，而《風聲》、《金粉世家》等民國戲則取景於五大道。

　　相較北京，天津步調稍緩，人潮較少，道路寬敞，也無太密集的建築群，即使在市中心，也能欣賞海河沿岸景致，漫遊河濱步道體驗在地市民的閒情逸致。

左）號稱「天津之眼」的巨型摩天輪在黑夜裡顯得更為亮眼。(圖片提供／王懿芳)
右）海河夜景。

```
  1
2   3
```

1）天津標誌——津灣廣場。（圖片提供／王懿芳）

2、3）解放北路上，全是氣派的歐風建築。（圖片提供／王懿芳）

天津小導遊

津

媒體人　王懿芳

「五大道」是1930年代洋樓建築群，英、法、義眾多租界聚集區，很多民國戲都取景於此，幸運的話還能碰到影視拍攝。「古文化街」裡有傳統泥塑、手工刺繡、捏麵人、畫糖畫、賣糖藥的，還有茶館、戲台。「南市食品街」都是餐館，很多偽小吃，現在已過度商業化。個人認為「狗不理包子」沒啥特別，連我這個天津人都不知哪個算正宗。不過，麻花倒可以嘗嘗，「桂發祥」這品牌市民較認可。

INFORMATION
實用資訊

‖ 天津大眾交通工具的小知識 ‖

■ 火車站

　　主要車站為「天津站」、「天津西站」、「天津南站」。天津站就是天津東站，位於市中心，附近集中許多知名景點，如：義式風情區。此站也是天津最重要的交通樞紐，是動車、高鐵主要停靠站，其中「京津城際列車」來往北京，車次頻繁，約25分鐘一班，車程約半小時。

左、右）天津西站是天津最具現代化的車站。

■ 公交車

　　查看公車站牌時要快準狠，不然一猶豫，這裡的公車停站後是不等人的，很急著開走。票價大約是2元，觀光1路、觀光2路適合旅遊者利用。天津的公車會報站，只要確定好自己的目的地，就不怕坐過頭。快要下車時，艾咪找下車鈴找半天，這才發現天津人要下車都用喊的，只好鼓起勇氣跟著喊：「下車！」

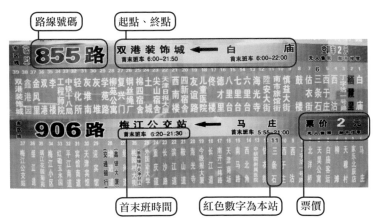

■ 地鐵

在北京，地鐵是最重要的交通工具；但在天津，市民還是以搭公車為主。因為天津地鐵線路目前並不多，也不密集，並不便利。地鐵內不需要安檢，票價2～6元左右，越遠越貴。首末班時間大約是早晨6點到晚上10點。地鐵9號線又稱津濱輕軌，可通往濱海的「塘沽」，著名的「洋貨市場」就在那裡。

感應式的電子票幣。

左上）地鐵入站口。
右上）自動售票機。
右）入站感應區。

艾咪每次不好意思拍群眾，都會拿我當假前景。（白眼）

偷拍於天津地鐵車廂內。有趣的是，車廂內竟無拉環

■ 出租車

起步價8元，燃油費1元，1公里跳表1.7元，沒有夜間加程。相較於北京，天津的出租車更好招，較少拒載情形。車站總有很多出租車在排班，同樣也會有很多亂喊價的黑車。天津司機很熱情，遇到我倆台灣小姑娘，原本酷酷的都會變得很親切。還有些司機很愛聊天，特別是擅長政治性發言，很敢評論時政，曾經就遇到一位司機語不驚人死不休地問我們：「台灣何時要反攻大陸啊？」瞬間一身冷汗幫他噴出，畢竟這種言論在大陸還是極度敏感的。

♥ 貼心提醒
不搭乘非法黑車

黑車不合法又沒保障，面對拉客的人，應對方法就是死都不理、斷然拒絕，堅決前往正規的出租車排班區，才是安全的上上策。

天津出租車與歐巴桑司機
天津版的計程車女王

酷　　　靦腆　　　憨
酷酷司機大叔收到台灣紀念品時瞬間變憨、變親切

‖ 適合旅遊的季節 ‖

天津跟北京的氣候差不多，由於靠海緣故，冬天比北京晚一點，夏天比北京早一點。而春秋是最適合來天津旅行的季節，但要避開春節、五一、十一假期，以免人擠人。

至於沙塵暴大約從3月春天開始。曾多次在路邊看到頭戴薄紗的歐巴桑騎單車，當看到蒙面女迎面而來時，一時傻眼，還以為是刺客來了。後來才明白那是為了遮陽防塵。在北京從未看過，所以算是天津特色吧！

我有我的 Style~
防塵　　　　　　　遮陽
天津路上有很多蒙面騎單車的女人

津 天津二三事

蒙面俠女曾經是種流行

在1980年代左右，北方女人覺得頭戴紗巾很時髦，所以這樣的打扮在婆婆媽媽圈子裡很流行，不過現代年輕人都覺得不好看，遇上空氣差的日子頂多戴上口罩。但是歐巴桑們為了保護自己，不在意他人眼光，還是保有這樣的習慣。

‖ 天津的物價與口音 ‖

　　天津物價比北京低很多。在北京正常一頓飯20元左右，但在天津大約10～15元搞定。天津友人說：「在天津吃飯，感覺量比北京大，選擇也多，而且更好吃。」而天津也有所謂的天津腔，口音很重，講話像含進去，且愛省字、拐音，輕聲特別多，發音很隨興，外地人容易聽不懂。例如：「派兒所」就是派出所，「明兒」就是明天，「甭」就是指不用。當有天津人跟你說：「明舔梗我齒飯氣」，意思就是：「明天跟我吃飯去。」

♥ 貼心提醒
古文化街的「名流茶館」

話說：「來天津必到古文化街，來古文化街必聽相聲。」古文化街有間名流茶館，是聽相聲的好去處，去之前最好提前致電詢問當天有無被包場，或者在晚上7點多表演開始前，提早去買票，以免向隅。

‖ 何處聽相聲？ ‖

　　天津號稱是相聲的發源地，馬三立、侯寶林都是極富盛名的相聲藝術大師。據說相聲藝術最早是從街頭開始，而後逐漸轉變成一項文化，演變至今各地相聲風格略有不同，如：天津相聲傾向自嘲，北京相聲多是調侃對方。

　　廣播、電視、出租車上經常可聽見相聲節目，但若能現場感受肯定更棒，當身邊有很多人一起笑，熱鬧氛圍感染下，聽起來也比較有意思。一般想聽相聲可到茶館，買張票去門口領個大碗茶，進去後自己占座，這是非常傳統的。

想聽相聲可前往古文化街「名流茶館」。

 玩樂情報 FUN TIME !!

地址：天津市和平區／交通：乘坐4、619、871、906、954等路公車到重慶道；或搭地鐵1號線到小白樓站／注意事項：除步行遊覽外，亦可在重慶道上的馬車驛站乘坐馬車，或於附近租自行車

01. 五大道

五大道位於原英租界，是天津的城市標誌，以重慶道、常德道、大理道、睦南道、馬場道所組成。這裡匯聚英、法、義、德、西班牙等各式風格建築，其中包括多所名人舊宅，儼然成為歷史文化藝術區、萬國建築博覽會。

| 1 | 2 | 3 | 4 |

1）馬場道標誌雕像。
2）五大道上的立鐘。
3）教堂。
4）五大道上來往的觀光馬車。

低調小洋樓，都住著來頭不小的主人

這裡是天津名宅最集中的區域，保存多種風格的歐式小洋樓，是近代許多達官顯貴居住的名流社區，如：末代皇帝溥儀、慶親王、國務總理顏惠慶、外交總長顧維鈞、民國總統徐世昌，是名符其實的富人區。在當時混亂的社會，人們只求安逸不張揚，故此處深幽寂靜、具私密性。在跌宕不安的時代下，這裡也是政治避風港。當年溥儀就是在鞍山道上的「靜園」安居，只是後來被日本遊說去了長春，主導偽滿州國。

左）五大道的小洋樓建築。
右）慶王府是一棟西式洋房的王府。

小車司機會定點停車幫忙拍照，大家可試著跟旅伴擺出不同pose拍照留念。

小車遊覽五大道，三分看、七分聽

小車代步五大道

姑娘～ 算你便宜吧！

你們高興嗎？不高興不用錢

嘿嘿，我不高興。

　　總是有很多小車聚集在五大道，司機會向遊客推銷乘車導覽，就如同北京的三輪車遊胡同一樣。一路上，司機會介紹這裡的風情，載客司機說：「遊五大道，三分看、七分聽，那些歷史故事都在我腦子裡。」一路上，也可以請司機幫忙拍照，所以，搭小車遊覽，也不失為一種旅行方法。兩個人收費約40元，歷時1.5小時，其實挺便宜的，適合亂無頭緒的觀光客。

位於河北路283號的中國奢侈品博物館。

津 天津二三事

北京、天津的足球恩怨

重慶道上有個民園體育場，是天津足球的發源地及標誌性球場，已有近百年歷史，可惜於2012年拆除，改建為體育公園。司機說：「我看足球非常窩火，因為天津隊進不了8強，看了不高興！(窩火意指一肚子火)」可見在天津人心中，足球占有重要地位。當年，一場中國足球協會超級聯賽(中超)，就導致北京隊與天津隊的激烈衝突，甚至上演全武行，激情的北京球迷看見掛有天津車牌的車就猛砸，場面十分火爆。

曾經輝煌的民園體育場舊址。

地址：天津市河北區義式風情區／交通：乘坐5、634、672、806
等路公車到義式風情區／注意事項：鄰近天津站以及津灣廣場，
風情區內也有「天津城市規畫展覽館」；大陸會將「義」字會寫
成「意」，看公車站牌時需留心。

02. 義式風情區

曾有8個國家在天津設有租界，義式風情區即是當時義大利的租界區，如今成為具有義式風情的旅遊景點。由於義式建築群風格獨特，再加上這裡的歷史感充滿故事性，吸引了許多影視劇前來拍攝取景。

義式風情區內就像是一場大型的歐洲園遊會。

華麗的義式風情，彷彿身處歐洲

據說，華麗的義式風情區，過往也曾破敗過，現在所看到的都是重新修葺、規畫的結果。這裡仍保留不少名人故居舊宅，還有知名的馬可波羅廣場，更有酒吧、各國高級餐廳、精品街、禮品店、電影院、藝術中心等等。高聳的天津環球金融中心也在附近，都會感十足。一走進義式風情區，彷彿有種在歐洲旅遊的幻覺，實在是太美好、浪漫了，所以來到這裡，也算是作了一場歐洲夢！

馬可波羅廣場。

餐廳怎麼選？跟著阿豆仔走準沒錯

義式風情區有點像上海的「新天地」，但風格較鮮明；也像北京的「什剎海」，一樣有很多酒吧，只是這裡的看起來比較高級，既優雅又有風情。安伯說了，在什剎海，像是把香水放在你鼻子前，很香但刺鼻又容易疲乏；但在義式風情區，就是遠遠地讓你聞到淡淡清香，越久越有韻味。只是，那天的晚餐我們失策了，不知怎的，誤入一家名為「玲瓏小鎮」的中式餐廳，吃了一道極為普通的海鮮炒飯。我們有了結論，下回再來時，要以外國人為意見領袖，看哪間餐廳阿豆仔多就湊過去，既然都已經來到義式風情區了，當然是要豪邁地品嘗歐式風情的餐點啊！

1	2	4
	3	

1）在風情區內可眺望天津環球金融中心。
2）風情萬種的歐式餐廳。
3）餐廳外攬客的現場演唱。
4）天津城市規畫展覽館。

失策的晚餐…

我為何來這吃海鮮炒飯？

PAULANER普拉那啤酒坊樂團現場演奏。

03. 海河

　　對比西安一出車站就看到城牆，天津一出站反而是一排歐式建築群映入眼簾，瞬間感受到濃厚租界風情席捲而來。自車站搭上出租車後，沿途可見海河景觀，夏日白天還有許多男人在海河裡游泳。夜晚時，許多市民也會到河濱步道散步，同時欣賞美麗的海河夜景。

夏日午後，海河沿岸泳客。

北安橋下有人在釣魚，燈光輝映之下美得像幅油畫。

夜遊海河，體驗義式風情

　　夜晚時的海河沿岸有點像上海外灘，只是沒那麼華麗，但與眾不同的是，在海河上有多座特色大橋，例如：北安橋，其風格類似羅馬聖天使堡門前的大橋，非常古典神聖。而北安橋的北側正是義式風情區。此外，海河邊也有碼頭可以搭船，正所謂上海遊黃浦江、重慶遊長江、廣州遊珠江，來到天津當然也不可錯過夜遊海河的機會。

十足歐風的北安橋。

艾咪安伯
旅行拍立得

啪嚓！

徒步1小時的海河沿岸之旅

　　那天晚上，我們沿著海河步行回旅舍，那大概是義式風情區到天津西站的距離，約莫走了一個多小時，腿都快斷了。可悲的是，我們朝思暮想的足浴一間間地都是打烊狀態。連「天津之眼」，這個標誌性摩天輪建築，我們也只是遠眺而已，還沒靜靜欣賞它的美或拍幾張照，它就無情地、毫無預警地熄燈了，當時才晚上9點半啊！天津人都這麼早睡嗎？後來又順著海河繼續走，竟看到有露天卡拉OK，正有悲情哭腔唱著：「聽～海哭的聲音～」搞不好海河想反駁：「我沒哭啊！」

上）海河邊露天卡拉OK，俗又有力。
下）河濱步道與海河沿岸景致。

♥ 貼心提醒
解放北路&津灣廣場美到令人陶醉

若時間充裕，極度建議經過「解放橋」來到「解放北路」再到「津灣廣場」。解放橋──原名「萬國橋」，已有近百年歷史，為橫跨海河上，連結天津站與解放北路、津灣廣場的鋼鐵橋。不像五大道上都是袖珍型的小洋房，寬闊的解放北路上全是大氣的洋樓銀行，宛如教堂一般，氛圍類似上海浦西的萬國建築群，同時還有小咖啡館、小相館，為古典復古風格，非常適合拍照。而津灣廣場原為法租界，與義式風情區、濱江道相鄰，周圍景觀更是天津最著名的經典風景區，絕對美到令人陶醉！

左）解放橋橋體可打開，固定每月開啟一次「活動筋骨」。（圖片提供／王懿芳）

中）解放北路很多大器的歐式建築。（圖片提供／王懿芳）

右）解放北路上的「利順德大飯店」，始建於清同治年間，無數名人下榻，還保有鐵柵欄門的古董級電梯。（圖片提供／王懿芳）

SHOPPING

津

購物血拼

SHOPPING GUIDE 1

濱江道

地址：天津市和平區濱江道商業街／
交通：搭乘地鐵1號線到營口道

這裡除了有老字號、勸業場(百貨公司)，還有新商城，是天津最繁華的商業街。勸業場興起後，服裝首飾、鐘表眼鏡、飯店、影院、舞廳在此陸續開張。

濱江道步行街一景。

代步車會發出逼逼聲響，一次2元，一條街上來回地行駛，適合懶得走路的遊客。

老建築引人回到過去

北京有個王府井，上海有條南京路，天津則有濱江道。在中國，無論哪個城市都有條商業步行街，而且幾乎是同一個模樣，販售的商品也都差不多。在天津，老建築的保護是被重視的，如：銀行、醫院、商號等等，多數都還在老建築裡持續經營。當然，濱江道亦是如此，這裡的商場建立在原舊址之上，旅客閒逛之餘也許還能體驗復古氛圍、回想當年歷史。

浪漫的西開天主教堂

　　濱江道上還有座莊嚴、美麗的「西開教堂」，建於1916年，屬法國羅曼式建築風格，故又稱「法國教堂」，也是天津最大規模的一座教堂。目前已修葺一新，並對外開放。據說，在此可申請舉辦婚禮，但新人雙方皆必須為天主教徒。

濱江道一端的西開教堂。

圖片提供／陳逸璟

西開教堂。（圖片提供／吳沛綺）

SHOPPING GUIDE 2

古文化街

地址：天津市南開區古文化街區／**交通：**搭乘15、658、818等路公車到北城街，或搭乘856到東馬路站／**注意事項：**此處步行可達鼓樓、海河河濱步道。步行街車流多，須注意來車。

位於海河西岸，以元代「天后宮」為中心，是仿清民間風格的商業步行街，也是天津最大集貨市場，屬津門十景之一。建有「戲樓」、「民俗文化館」、「古玩城」，主打「中國味、天津味、文化味、古味」。

種類豐富的創意小攤

這裡建築風格既像上海「豫園」，也像北京「什剎海」，但整體氛圍上更雷同天津的「鼓樓步行街」，賣的商品十分雷同，只是古文化街又更寬敞、豐富，「戲樓」前的廣場還有些創意小攤，如：吹糖、捏麵人、剪紙、人物扮裝攝影等等，所以若時間不多，鼓樓步行街可以捨棄，來古文化街一遊即可。

1	2	3
	4	

1）步行街景。

2）戲樓前廣場之攤位。

3）吹糖。對麥芽糖吹氣、手捏塑型而成。

4）戲樓位於天后宮對面，為一處仿清建築。

巧遇小皇帝扮像攝影，忍不住上前湊熱鬧

叔叔你姿勢好有攻擊性喔…

熱死朕了！

哪來的肖婆？

買紀念品不如吃麻花

此外，若想看相聲表演，可去「戲樓」或「名流茶館」轉轉，而最具天津地方特色的手工藝品則是「楊柳青年畫」、「泥人張彩塑」、「風箏魏」。但老實說，除非是非常喜愛這些作品的人，不然一般人在面對泥人張與楊柳青時，都僅是欣賞而已，顯少有購買欲望，原因是價格太昂貴了，買回去也不知要擺哪，可能還會被家人碎碎念，所以還是省點錢，多買些麻花吃吧！

💙 貼心提醒

購物時，若有地陪相隨較安心

無論是在古文化街、南市食品街、鼓樓一帶購物，特別是一些古玩、年畫、泥人，外地人買貴的情形極有可能發生，特別是南方或港台口音，所以若有當地人相陪是最好的，否則就是多比價、砍價，因為有些商品根本不值那價錢。

左）楊柳青年畫代表福氣吉祥，作用與春聯同，具藝術價值。
右）楊柳青畫店面。

步行街上販售之各式商品。

Delicious Dishes.

南市食品街

地址：天津市和平區南市商業區，榮業大街與慎益大街交會處／**交通**：搭乘觀光1路、觀光2路、606、634、651、652、659、672、675、681、806、829、846、878、962等路公車到南市食品街。

集八方名菜於一處的南市食品街，儼然是戶內小吃商城，天津三絕：狗不理包子、耳朵眼炸糕、麻花，則是遊客消費的熱門選項。在安伯眼中，這裡有點像台北的永樂市場，只是商品以食物居多，但也有販售小玩意、紀念品，如：首飾、玩具等等。

左）南市食品街室內一景。
右）南市食品街入口。

可以品嘗的藝術──糖畫

在南市食品街內，我們看到畫糖人正被民眾圍觀，師傅手裡的麥芽糖可轉變成不同圖案，創作過程令人驚嘆。

糖畫**步驟**

1. 選圖

2. 撈糖

3. 開始

安伯興奮地品嚐糖耳朵與耳朵眼炸糕　　　嗯，Well……有點太甜了

著名小吃糖耳朵與耳朵眼炸糕

「糖耳朵」因形狀酷似耳朵而得名，也稱作蜜麻花，味道挺甜的，感覺滿嘴都是糖，所以若不愛甜食的人，可能吃了幾口就吃不下去了；而「耳朵眼炸糕」如同包著紅豆餡的油炸麻糬，雖是名小吃，但是味道有些油且黏牙，安伯並果斷地說：「不好吃！」這令艾咪突然想起媽媽曾經的訓斥：「歪嘴雞吃好米！」不過大家既然來到天津，也不妨試試這裡的當地小吃。

左）糖耳朵。
右）耳朵眼炸糕。

津 天津二三事

商業化後的南市食品街

天津友人回憶起小時候，南市食品街裡有很多茶湯、糖人、畫糖畫的，但近年政府重新整頓規畫後，攤位轉變成店面，飯館變多了，有條理又商業化後，卻少了傳統市井氣息。如同搬遷改建前的「士林夜市」，讓多數台灣人無比懷念。所以，即使南市食品街曾經風光過，天津友人卻感嘆：「現在是不值得去了。」因為有些店家倚賴進貨，一些小食品甚至已不是當地小吃，而且裡頭賣的很多小玩意在古文化街都有，旅遊新鮮度大幅降低，半小時就可以逛完。

驚見台灣老婆餅。

4. 專注　　　　　5. 完工　　　　　6. 黏棍

狗不理包子

地址：天津市和平區南市商業區，南市食品街入口旁的轉角處／**交通**：搭乘觀光1路、觀光2路、606、634、651、652、659、672、675、681、806、829、846、878、962等路公車到南市食品街／**網址**：www.chinagoubuli.com／**注意事項**：分店眾多，可上官網查詢；若2人以上同行，建議點套餐一起分享，單點較不划算。

天津菜不如四川、廣東等地方菜系有特色，但已有一百多年歷史的狗不理包子卻是非常知名的天津小吃。但狗都不想理的包子會好吃嗎？其實，創始人叫作狗子，當年包子鋪生意好到沒有時間可以說話，所以大家都說：「狗子賣包子不理人」，故稱「狗不理」。

左）艾咪與小小顆的狗不理包子。
右）狗不理包子餐廳外觀。

吃了會令人後悔的包子？！

南市食品街旁就有間狗不理包子的分店，初到天津豈能錯過？據說袁世凱曾帶狗不理包子進宮，慈禧品嘗後大悅，想必超愛。但天津友人卻潑冷水說：「那只是個傳說。」不知是材料珍貴或功夫講究，價格相當昂貴，一個全蟹包要價22元人民幣，豬肉包一個也要12元！難怪天津人都不吃，全是觀光客在光顧。我們吃完之後，覺得味道普通，因為價格較高，所以沒有吃飽的我倆迅速衝進南市食品街的餐廳叫了一桌菜，其中，也點了一籠才15元的包子，吃得我們超high，龍心大悅啊！有句話很幽默：「狗不理的包子，不吃會後悔，吃了更後悔！」不過，雖然單價較高，但來到天津，還是可以品嘗著名的特色菜嘛！你敢來嘗試嗎？

左）包子來了，但非常袖珍，令人捨不得吃。

右）服務員閒閒沒事都在看電視。

全蟹包 **22**元

豬肉包 **12**元

我要補回來！

我一籠只要15元唷～

大受打擊二人組，離開狗不理包子店後，到其他餐廳大吃大喝

津
品嘗美食

桂發祥十八街麻花

地址：天津市南開區古文化街與水閣大街交口（古文化街店）／交通：搭乘15、658、818等路公車到北城街，或搭乘856到東馬路站／網址：www.gfx.com.cn／注意事項：分店眾多，可上官網查詢營銷網絡點。

出身於一條名為十八街的巷子，已有百年歷史的桂發祥是最正宗的天津麻花，居天津食品三絕之首。如今華麗轉身，以現代化經營手法與精美包裝延續甜美口感。

這麼大一根光看就飽了...
在南市食品街驚見巨無霸麻花

鐵製禮盒獨具特色與風味：左圖為老天津回憶「津門故里」；右圖為新天津印象「璀璨津灣」。

山寨版麻花多，強迫推銷受不了

值得注意的是，號稱十八街麻花的店很多，但多半是山寨版的，所以一定要認明「桂發祥」十八街麻花。但許多店面也都會放著跟桂發祥一模一樣的招牌，該怎麼辨別呢？想當初我們在鼓樓步行街時，就因此走進一間阿姨異常熱情的麻花店，起初只是詢問口味，阿姨就會說：「有很多種，都來一點吧！」然後一不注意就幫你亂抓一堆、裝了一大包，有強迫推銷之感，極度不舒服，感到莫名其妙。

呆

容易讓呆呆觀光客混淆的高仿招牌。

呆呆觀光客...

艾咪安伯也上當

如何分辨真假麻花？

根據金牌試吃員安伯的研究，正宗十八街麻花比較清爽酥脆，山寨版麻花則有些油膩。但怎麼分辨真假呢？

一、據說正宗的桂發祥十八街麻花是不散秤的，每個麻花都有包裝。

二、正牌的桂發祥，服務員通常都會靜靜地站著，適時且適度地介紹，不會像賣保險似地推銷。

三、正牌桂發祥店面明亮，麻花有鐵盒裝，也有個別包裝，很明顯是現代化、標準化、商品化的經營模式。

幽默的山寨版範例

大陸很多地方賣的東西，包裝與名稱都跟正版特別像，例如「康師傅」會變成「康帥傅」（突然變英俊了？）；而「85度C」會降溫為「58度C」，十分搞笑。

類似的品牌名稱時常令消費者誤解。

真假麻花 ！ 之比較！

	真	假
店面	古典	一般
服務員	適時協助	積極促銷
商品	獨立包裝	散秤

煎餅果子

價格：一份大約5元／**注意事項**：煎餅果子為天津市井小吃，大街小巷皆有在賣。

煎餅果子就好比是中式的可麗餅，是天津最出名、經典的市民小吃，由麵糊、雞蛋、薄脆的果箅兒(或油條)組成，搭配甜麵醬、蔥末、辣椒醬，口味鹹香、具飽足感。據說起初是從山東首創，演變改良後風靡天津大街小巷，目前已有一百多年歷史。

鼓樓步行街的煎餅果子攤。

果子就是油條

一開始令人疑惑：什麼是果子？原來，在天津，油條就叫作果子。煎餅果子最早就是夾油條，隨後才又有果箅兒(薄脆)這項選擇。想當初在天津鼓樓步行街買煎餅時，老闆就問：「要脆還是油條？」脆就是薄脆(果箅兒)，是薄薄一層餅，吃起來會卡滋卡滋的，若包油條則較油一點，放久容易黏黏軟軟的，所以還是夾薄脆好吃。

在北京也常見煎餅果子，但口味跟天津略為不同，例如：在北京就沒有夾油條這個選項。在天津工作的山東友人就說：「在天津時本來不愛吃，但到北京吃過以後，才覺得天津的煎餅果子比北京好吃上百倍。」這說法可能有些誇張，卻也能說明天津煎餅果子的美味。

天津人早餐熱門首選

煎餅果子在餐廳吃不到，只有在早餐時間的馬路邊、社區裡搜尋一下，也許能看見製作煎餅果子的小推車，製作時間約莫3分鐘，時常可見人們排隊購買的景象，可見煎餅果子已成天津人早餐選項不可或缺的一環，如同台灣有些人對美而美那類早餐店的依戀。

煎餅果子 製作流程

1. 抹平麵糊

2. 打顆蛋、下佐料

3. 翻面煎

4. 搭配果箅兒或油條

5. 煎餅果子完成品

LET'S CHECK IN!

天津城市國際青年旅舍

地址：天津市紅橋區河北大街天桂里2號樓／**電話**：(022)27336112／**價錢**：6人間床位50元(公共衛浴)；標準間大床房160元(獨立衛浴)／**交通**：搭乘5、606、642、683、801、855、906等路公車到三條石站。從天津火車站可坐5號公車到達(約半小時)／**注意事項**：近天津西站，步行約20分鐘。

　　天津似乎沒有青年旅舍，所以這裡不是「正版」的Youth Hostel，但精神都是一致的：不以商業旅館自居，著重文化交流、自助及助人。世界各地的年輕背包客在此萍水相逢，雖無高級裝修、昂貴設備，但安穩休息倒是沒問題。

左）旅舍櫃檯。
右）6人女生房(下面是艾咪的亂床)。

便宜是最大的優點

　　在天津旅舍中這裡的房費算是最低價的吧！地點也算便利，距離天津西站、鼓樓、古文化街、南市食品街都頗近。晚上還可走到海河步道散心，欣賞天津之眼夜景；周邊雖無餐廳，不過旅舍樓下也有雜貨店，想買東西也算方便。若是入住宿舍房還可認識形形色色的旅客，互相討論景點資訊。

無窗雙人間一晚100元，裡頭就只有兩張床，無衛生間；有窗雙人間一晚120元。

設備簡單，稍稍美中不足

　　一進到旅舍，第一印象就是簡陋，有些冷清，沒有一般青年旅舍的活力與朝氣。而且由於鄰近街道，隔音問題是最常被網友反應的。多數房間內沒有廁所、浴室，住客只能使用公用衛生間，尖峰時刻得排隊、輪流使用，稍嫌不便。房間內沒有獨立櫃子也常令旅行者苦惱。但只要投宿的旅舍安全，其實也不必要求太多，因為旅遊的重點不是為了追求舒適，而是為了體驗！

同場加映 1

天津人，
原來你們是這樣

圖片提供／王懿芳。

天津人性格

　　春晚小品演出潑婦罵街的，通常都講天津話，這就是一般對天津人的印象，男的就是粗放，女的就是嗆、麻辣。其他對天津人的看法還包括：非常隨心所欲，不太考慮他人感受，有時不講道理。口出惡言但沒有惡意，標準的刀子嘴豆腐心。直爽不拐彎，心裡不裝事，有話藏不住，沒有心機的傻大姊個性，很像牡羊座。

與北京的差異

　　雖然鄰近北京，但仍有許多差異。天津的城市規畫不像古城北京或西安那樣方正，報路時也很少會講東西南北。而天津整體節奏也比北京慢，城市氛圍較不拘謹、安逸自在。天津友人很喜歡這樣的家鄉，他說：「在天津的外地人不如在北京的外地人多，因為天津人喜歡留在天津工作。」

天津人戀家

　　天津沒有北京那麼國際化，外地人不多，即使現在開始多了，但還是以本地人為主。北京人特別不喜歡放下身段去做服務員、快遞、司機等等比較基層的工作，但在天津，很多司機都是20出頭的年輕人。天津人很愛自己的城市，向心力強，會想守住原有的地方，較不會想去大城市打拚，所以天津人算是挺戀家的。

天津人排外？

　　北京人認為天津人臭屁、臭跩；天津人覺得北京人俗氣、傲氣。其實中國很多北方城市都很排外、驕傲，不能接受外地人，購物時則支持本地貨。即使天津人熱情，仍有莫名的自豪感，覺得天津應該是個一線城市，看不起外地人。

　　在天津工作的山東友人孫勝孜說：「天津人都很好，但就是有說不上的感覺。」跟北京人的驕傲不一樣，天津人是隱藏、含蓄地排外，不會太明顯。雖然天津人很純樸、善良、熱心，但同情、居高臨下的目光常令山東友人不太舒服，因為那不是種對等關係，彷彿是飛機向下丟物資，給人一種施捨的感覺。

旅途就是要不斷認識新朋友

那天到達天津火車站已是下午，找到旅舍安頓好就立即出發前往濱江道，前去與從未見過面的「朋友的朋友」吃飯。

俗話說得好：「在家靠父母，出外靠朋友。」很幸運有位山東的北大朋友引薦一位同窗給我們認識，他叫作孫勝孜，正好在天津的招商銀行工作。在碰面前，我們在電話裡確認彼此的裝扮以方便辨識，所以這次見面挺像與網友約會的，是段非常特別的經驗。

「華特美酒樓」是孫勝孜非常推薦的餐廳，位於濱江道商業街附近，地處偏遠，屬於小眾的餐館，店面也不是特別大，一般旅客是不會來的，雖然不太有名，但孫勝孜卻時常在此宴請外地朋友。他說：「雖然這裡不是特別豪華，但味道還不錯，價格也不貴，環境也算整潔。」不過這裡不見得都賣天津菜，因為天津沒啥特色菜。此外，這也是間很有個性的餐廳，據說傍晚5點半開始營業，8點後就不讓人進入，9點就會關門打烊，所以要吃飯得抓緊時間啊！

還有很特別的一點是，在大陸吃飯是先上菜、後上飯。所謂的「吃飯」就是指吃菜、喝酒而已，等到酒喝得差不多了，肚子有點餓的時候才叫上一些餃子、麵條、米飯。不像台灣，吃飯就是吃米飯、配菜。

等菜都上齊後，安伯又開始晚餐前禱告了，孫勝孜忍不住問：「是不是每吃一道都要禱告呢？」艾咪於是開玩笑說：「你可以趁他禱告時，吃光所有的菜。」

這天與朋友的朋友的天津晚餐圓滿落幕，萍水相逢的緣分真的很妙，雖然至今與孫勝孜沒有再見過面，但那晚的友誼卻是旅程最特別的經驗。

華特美酒樓

地址：天津市新華路183號／**交通**：搭乘地鐵1號線到營口道站，步行可達／**電話**：(022)27129942／**價錢**：人均約50元／**時間**：11:30～13:00；17:30～20:00／**注意事項**：下午1點開始是午休時間，吃午餐須提早；這裡的餃子很大顆，很有飽足感，所以別一下點太多。

上海

SHANGHAI

滬

東方巴黎，不夜城

昔日的漁港商埠，今日的東方明珠。
租界時光宛如昨日，雋永的歐式建築成了歷史遺留下的美好。
呢喃滬語、旗袍、洋房、弄堂，上海風情依舊，
而黃浦江畔總是燦爛，浦西、浦東各有精采。

上海
SHANGHAI

　　來到上海，安伯就算走音也要唱：「夜上海、夜上海，你是個不夜城。」上海之所以傳奇，是因為他由一個古代樸實無華的小漁村，搖身一變成為金光閃閃的國際型大都市。在安伯的心中，「時尚」、「新穎」、「繁華」就是上海的代名詞。夢幻的旅人和繁忙的商人多數在此流浪，這裡是金融中心，更是旅遊勝地。不過，即使不斷更新、進步，上海人還是不忘維護歷史留下的精華。

　　上海的節奏雖然快(特別是浦東金融區)，但仍有悠閒時光，如：充滿古味的浦西小巷弄裡。只要靜下心來閒晃，隨意穿梭在老舊弄堂裡，好玩的東西總在不經意時出現，這就是上海的另一種魅力。若想藉由影像目睹近代上海風貌，推薦由大陸1980年代作家郭敬明自編自導的《小時代》，將上海的繁榮奢華一覽無遺；若對舊上海更感興趣，則推薦由李安執導，改編自張愛玲小說的《色戒》。

午後的上海老弄堂生活。(圖片提供／陳冠樺)

左）悠哉的外灘午後時光。
右）上海美女圖旗袍。(圖片提供／陳冠樺)

　　但，也許是因為城市越發展，市民越是自豪，下巴也不禁抬得更高，所以驕傲的上海人一般不太討喜。聽一位朋友分享，有句話是這麼說的：「上海人瞧不起外地人，浦西人瞧不起浦東人，然後全中國都瞧不起上海人。」也許是因為面對龐大外來人口擠進自家、爭奪資源，所以難免會有排外心理與不平衡感吧！

左）外灘浦東日景。
右）外灘浦東夜景。(圖片提供／陳冠樺)

上海小導遊

上海戲劇學院　王雅菲
　　建議去張愛玲故居或老石庫門改建的「新天地」走走，很有味道。另可嘗試「酒心巧克力」，滿滿30年代海報女郎的包裝盒很美，但巧克力太甜，我買純粹是因為包裝精美。也許當年張愛玲一邊寫書，就是一邊吃這麼甜的巧克力吧！淮海路、衡山路附近的小巷內有可愛服飾店與小咖啡館，這兒的小店服飾風格多元，與「七浦路」批發市場不同，雖貴但可還價(議價)，淘寶樂趣與驚喜無限。

INFORMATION
實用資訊

‖ 上海大眾交通工具的小知識 ‖

■ 火車站

　　主要車站有「上海站」、「上海南站」、「上海虹橋站」，皆設有地鐵站點。其中虹橋站是上海最大、最現代化的車站，多半停靠高鐵，如：京滬高鐵、滬杭高鐵。附近還有虹橋機場，與東邊的浦東機場遙遙相望。

左）上海站前廣場，旅客絡繹不絕。
右）虹橋站內部明亮寬敞。

■ 磁懸浮列車

　　始末班車約為早晨7點與晚上9點40分。連結浦東機場與龍陽路站，直達只需8分鐘。同樣方向也有地鐵2號線可搭，只是中途會有11個地鐵停靠站。如此便利快捷的磁懸浮列車，票價當然不便宜，單程50元，往返80元。若不趕時間，實在不需要考慮磁懸浮列車，因為搭到龍陽路站還是一樣得下車換乘地鐵，沒快到哪裡去。若真想體驗，可買「磁浮地鐵一票通」較划算，票價55元，裡頭包含地鐵一日票。

左）票卡。
中）列車進站。（圖片提供／鄭耀鴻）
右）車廂內部寬敞明亮。（圖片提供／鄭耀鴻）

■ 地鐵

上海地鐵繁忙，線路多達13條，首末班車時間大約是早晨5點半與晚間10點半。單程票價3～9元。售票機多數僅收硬幣，需自備零錢。若停留上海較久，可考慮辦理一卡通；若想單日遊覽多處景點，可考慮一日票(18元)或三日票(45元)。不過，我們使用三日票的心得是：不划算。因為每個景點都會想待一陣子，不太可能只是蜻蜓點水式地走馬看花，猛搭地鐵趕場，所以還是建議買單程票即可。

上）上海地鐵標誌。
下）上海地鐵吉祥物：暢暢。

左）地鐵也有安檢，但不如北京地鐵嚴格，多數旅客無視安檢機的存在。
右）地鐵車廂內部，乾淨明亮。

■ 公交車

票價多數為2元。站名幾乎都是以兩條路為命名，如：漢口路四川中路。所以，出發前，最好先查清楚目的地在哪兩條路附近，才能看明白上海的公車站牌。

右上）電動公車連接電纜，故空中可見滿滿的電纜線交織。
左下）公交站點多以兩條路為命名，外地人較難理解。
右下）上海公交站，等車的人以當地居民為主。

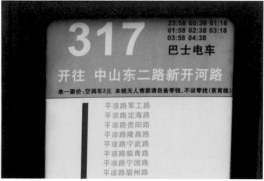

■ 出租車

上海話的出租車叫「差頭」，在上海「打的(di)」是全中國最貴的，起步價14元(包含1元燃油費)，超過3公里後，每公里跳表2.4元，超過10公里，每公里改跳3.1元。夜間11點過後起步價18元，每公里跳表4.7元。不過上海大眾交通工具很方便，特別是地鐵四通八達，除非是深夜，不然不太需要打車。

上海二三事

嚮往台灣的出租車師傅

師傅説：「台灣沒去過，退休後想去。但現在要上班，我走了就沒人開了。」因為出租車是公司的，同一台車有兩個人輪流開，一個人開一天，一般開到凌晨1、2點鐘，一天工作20小時左右。師傅本身是上海人，他覺得北京的出租車駕駛員整體素質來説沒有上海的好。但他又説：「再過幾年，上海老一輩的出租車師傅都要退休了，本地年輕人沒人願意接手，可能會開放外地人來開。」

■ 外灘輪渡

從浦東到浦西，除了地鐵，還有船可搭。船有2種：直直開到對岸的渡輪，以及沿江漫遊的金光閃閃觀光船。前者單程票幣2元；後者大約100元，果真王子坐的船與庶民不同！因此若想搭觀光船夜遊黃浦江，請至遊船碼頭，此無交通功能，僅觀光，故原站返回。而輪渡碼頭的輪渡船，則為單純交通船，不限座位，盡可能先上船，先搶視野最好的位置。

輪渡標誌。

1）甲板上人們沉醉於浦江夜景。
2）東昌路輪渡口：富城路與東昌路口交點，濱江大道一側。
3）輪渡內部。
4）輪渡船。

▪ 外灘觀光隧道

　　炫麗的隧道裡，酷似貓空纜車的單節車廂在此飛馳著，將旅客來回運往浦東與浦西。隧道裡就像一條被七彩霓虹燈環繞的海底通道，單程票50元，來回票60元，價格不菲。售票處還售有各種聯票，比如深海珍奇館等等，有興趣的人不妨參考。

左）如膠囊般的車廂。
右）奇幻奪目的隧道內景。

上）濱江大道旁的觀光隧道入口。
下）外灘陳毅廣場上的隧道入口。

♥ 貼心提醒
觀光隧道小資訊
時間：週一～四：08:00～22:30(週五～日以及節假日營業至23:00)
地點：外灘入口：南京路和平飯店前的陳毅廣場上。／陸家嘴入口：濱江大道旁，富城路與明珠塔路交點。

▪ 都市觀光巴士

　　票價30元，在啟用票卡後的24小時之內，可不限次數(營運時刻內)，在各站點隨意上下車，且有1、2、3號線可選擇，也可換線乘車。站點銷售員除販售觀光車票外，也提供遊輪、觀光隧道等優惠票。購票時會附贈耳機，在座位旁都設有插孔及八國語言之選擇，行駛過程中，即可對應著眼前風景，聆聽相關的導覽。

上）票卡。
下）隨票附贈的耳機，沿途可聽語音導覽。

觀光車與外灘處的站牌。

艾咪安伯
旅行拍立得

 啪嚓！

16連拍之樂極生悲

在紅色雙層露天巴士上等待發車的同時，興奮的兩個女人決定來場連拍POSE大PK。不停旋轉的安伯，強迫艾咪看見好幾回裙底風光，讓艾咪特想回龍山寺收驚。而後，不甘示弱的艾咪想來個飛踢，無奈雙手無力疲軟又重心不穩，在觀光巴士上層，摔個狗吃屎，顏面瞬間緊貼地板，糗到爆！還得到一枚超大超紫、如衰運般久久不散的瘀青。幸好現場只有安伯，要滅口也無需太費勁；也還好沒傷成大餅臉，畢竟還是靠臉吃飯的！

貼心提醒

觀光巴士小資訊

營運時間：旺季(5/1～10/31)：09:00～20:30；淡季(11/1～4/30)：09:00～18:00。(2號線旺季營業至19:30，淡季到17:30)

遊覽路線：1號線(浦西)，如：人民廣場、南京路步行街、外灘、豫園、新天地、遊船碼頭等等。／2號線(浦東)，如：上海博物館、東方明珠廣播電視塔、金茂大廈等等。

換乘建議：1號線20分鐘一班，2號線半小時一班。若需換乘，建議到「上海博物館」，此站為觀光巴士的集散處，站旁若有空車，就可先上車坐著等等。雖然「城市規畫館」也是換乘站點，但此站僅有站牌，無空車可供稍坐休息，只能站著空等。

‖ 適合旅遊的季節 ‖

上海四季分明，夏季溼熱、冬天寒冷。因此遊上海，春秋最佳。最好避開6、7月梅雨季，以及8、9月颱風季。

‖ 上海有單車道 ‖

上海馬路很寬，除了行人道與一般車道，中間還夾著一條給單車、電動車行駛的專用道路。觀光客常不留意，會直走在那條單車道上，然後被後面的電動車猛按喇叭。所以提醒大家，勿與機車、單車爭道，靠邊一點走自己的人行道吧！

外國人要講英文啦！
RUN～RUN～！

讓讓！

人行道

單車道

這位金髮妞即是粗心觀光客的一員

‖ 騙子多，須慎防 ‖

「酒托詐騙」意指透過網路聊天，對方邀約碰面聚餐飲酒，飯後卻被迫負擔高額餐飲費用。所謂的「托」，有酒托、茶托、飯托，就是與酒店、茶店、餐館聯手來坑你的人，一般都是女騙男，吃定男生好面了，不好意思不付錢。

媽媽有說過，
別跟陌生人吃飯喔…

外灘巧遇的貴氣兒童

話說一位男性友人，曾在熱鬧擁擠的南京路遇到兩名問路女，相談甚歡下相約共進晚餐。男孩點了最便宜68元的飯，稍後女孩提議喝酒，沒想到最後帳單竟高達1980人民幣！艾咪不禁想問那酒是從哪個朝代釀到現在的？男孩迫於無奈掏出身上全數現金600多元，才得以全身而退。

這樣的詐騙手法，在其他城市也可能遇上，因此愉悅的旅程中也不可毫無防心，否則套句上海話：「儂港都。」(你這傻瓜！)

‖ 超值學生參訪旅遊團 ‖

「春雨團」是俗又大碗的學生參訪旅遊團，其中又分為上海團與北京團。每年寒暑假，只要是大專以上學生，就有資格報名。10天行程費用2萬台幣左右，包含來回機票、住宿與三餐。還是學生身分的朋友們，可以考慮一下這樣的好康活動。

社團法人
中華傑出青年交流促進會

網址：www.acetw.org
信箱：acetw.org@gmail.com
電話：02-2921-3223

玩樂情報 FUN TIME！

01. 外灘

地址：上海市黃浦區中山東一路／交通：搭乘地鐵2號、10號線至南京東路站，步行10分鐘可達／注意事項：此區攔出租車很難，除非移動至人潮較少處，否則一輛輛空車，都不會因此而停下。因為外灘太熱鬧，出租車若在此載客，會導致交通阻塞大亂，警察也會來開罰單。

外灘曾被劃為英租界，在上海被開闢成與外國通商的城市後，此區商業發達，許多西方銀行、商業大樓在此雲集，於是52幢哥德式、羅馬式、巴洛克式等各類風格的「萬國建築群」沿著黃浦江邊矗立而起。

黃浦江畔如夢似幻又時尚

在這裡就是什麼也不做，待上1小時也沒問題。此時，對岸是浦東，映入眼簾的是宛如樂高積木疊起、一字排開的現代化高樓大廈；一轉身則是帶你穿越時空的浦西萬國建築群。在外灘，向左走向右走，都是經典，也是安伯見過最時尚的河岸了。艾咪不禁情緒一來，噴口唱出周杰倫的〈上海1943〉：「說著一口吳儂軟語的姑娘，緩緩走過外灘……」。只不過當下走在外灘的不是上海姑娘，而是講著一口台灣國語的我倆！

夜晚沿著浦西外灘，沉浸在萬國建築群散發的浪漫氛圍。（圖片提供／陳冠樺）

外灘下午茶好去處：米氏西餐廳（M on the Bund）

推薦米氏西餐廳週末才有供應的下午茶，在如此高檔的餐廳裡，這份下午茶套餐僅需要138元，露天陽台的氛圍與景致都值這個錢了。隱身於這外灘建築之頂層，眼前又有極具歐式風格、層層相疊的甜點餐盤，教人怎不著迷於幸福味十足的外灘懷抱裡！

米氏西餐廳

地址：上海市黃浦區廣東路20號7樓／電話：(021)63509988(建議提前電話預訂)／網址：www.m-restaurantgroup.com／下午茶時間：週六、週日15:00～17:00(單點88元／套餐138元)。

左上）餐廳標誌。
左下）露天陽台可遠眺外灘風光。
右）米氏西餐廳的歐式下午茶。

02. 南京路步行街

地址：上海市黃浦區南京東路／**交通**：搭乘地鐵2、10號線到南京東路站／**注意事項**：此人潮多，小心扒手與騙子；由此步行10分鐘可達外灘，也有許多小車可代步。

南京路上有眾多老牌百貨公司，加上特色商店集聚，於是確立了中國商業第一街的地位。

上）南京路步行街，一年四季熱鬧滾滾。
下）南京路上老百貨公司。

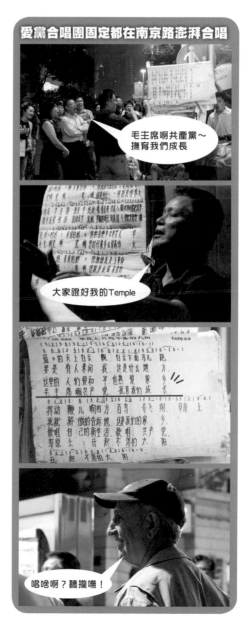

愛黨合唱團固定都在南京路澎湃合唱

毛主席啊共產黨～撫育我們成長

大家跟好我的Temple

唱啥啊？聽攏嘸！

越夜越熱鬧

在步行街上漫步，從頭到尾大約花費20分鐘。此外，大約從下午開始，人潮就開始聚集，到了晚上，更是以倍數成長。人們愛去百貨公司、服飾店狂購，也愛去「上海市第一食品商店」品嘗美食，沿途還有上海市民的婆婆媽媽群舞會以及愛國愛黨合唱團，相當熱鬧。

左）從南京路到外灘，可選擇的代步工具。
右）上海市第一食品商店，集中販售南北貨、滷味、糕點、零食、巧克力、中藥材等。

艾咪安伯
旅行拍立得

啪嚓！

我最搶鏡之跳拍

不願讓他人專美於前的艾咪、安伯，開始進行一系列奔放的跳躍合照，果然也成功抓住了一些路人的眼光。

快速發傳單的傳單哥

就在我們從南京路步行前往外灘的途中，一群傳單哥們既不說話也不微笑，就突然從路邊跳到人面前，以嚇人措手不及的發送法，將傳單塞進你懷裡，真是令人又好氣又好笑！

傳單哥

艾咪安伯富有劇情的系列跳躍照

03. 東方明珠廣播電視塔

地址：上海市浦東世紀大道1號／**電話**：(021)58791888／**時間**：08:00～21:30／**價錢**：上球體＋陳列館：120元；上、下球體＋陳列館：150元(其他套票內容與價格請至官網查詢)／**交通**：搭乘地鐵2號線到陸家嘴站1號出口，步行約5分鐘；或乘坐觀光隧道至浦東，出站後向東行，即可看見東方明珠塔／**網址**：www.orientalpearltower.com／**注意事項**：259公尺懸空觀光層設有空中郵局；若想體驗旋轉餐廳又不願花大錢，下午茶僅需60元(14:00～16:00)。

左）東方明珠塔。
右）259公尺上球體的空中郵局。

高468公尺，是上海新十大景觀之一，匯集廣播電視發射、觀光娛樂、住宿餐飲、購物於一體。263公尺處的上球體是觀光主區，259公尺則是懸空透明觀光廊，350公尺的太空艙是最高觀光球體，267公尺還有亞洲最高旋轉餐廳，而在底層的「上海城市歷史發展陳列館」，可一覽老上海生活情景的再現。

東方明珠塔上、下球體的視野與環境。

263公尺上球體觀光廊視野

259公尺上球體懸空觀光層

90公尺下球體觀光廊視野

太空艙

旋轉餐廳
上球體

下球體

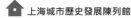
上海城市歷史發展陳列館

東方明珠塔票種說明

票種		項目
旋轉餐廳	晚餐	旋轉餐廳自助餐＋觀光B票
	午餐	
套票	觀光＋遊船	上球體＋陳列館＋浦江遊覽
登塔觀光	A票	太空艙＋上球體＋下球體＋陳列館
	B票	上球體＋下球體＋陳列館
	C票	上球體＋陳列館
遊覽 (不登塔)	遊船	浦江遊覽
	陳列館	上海城市歷史發展陳列館

令人腿軟的透明地板

　　360度透明地板的觀光廊，除了翻滾拍照，更適合欣賞壯闊的城市景觀，因為這裡擁有傑克爬上魔豆樹的視野。安伯覺得，小時候大富翁紙盒上印的Q版高樓大廈，現在彷彿都在腳下一棟一棟地冒出來啦！走著走著，艾咪驚覺，在浦東蓋大樓，簡直跟大富翁遊戲蓋房一樣容易呢！沒幾年功夫，一些特色新大樓又拔地而起了！

　　這裡同時可見到外灘、浦東陸家嘴金融區，還有向外延伸方圓好幾里的大上海新面貌盡收眼底，一生一定要看一次的呀！建議傍晚時分來，可從夕陽美景看到璀璨夜色！

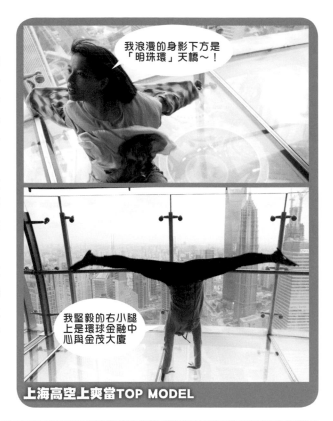

上海高空上爽當TOP MODEL

艾咪安伯
旅行拍立得

媽呀！這高度讓哥腿軟啊！

　　對於踩踏在高空中的透明地板上，有人覺得興奮刺激，有人則會腿軟頭暈。就連自認很有膽的安伯，都還是忍不住屁股發癢、臉色發白。同行的上海友人朱嶢也因懼高，猛抓扶手不放。不過，克服心理障礙後，安伯帶領著友人朱嶢在透明地板上奔放熱情地合影，一下翻筋斗，一下又劈腿，也算是女中豪傑、台灣之光！

上海城市歷史發展陳列館

位於東方明珠塔地下1樓的陳列館，宛如「老上海」小人國，建築仿制藝術依照等比例重現舊時代街景，多媒體設備、市民蠟像，以及每一時期的背景敘述文字，生動地引人穿越時空，反映著上海開埠以來城市的發展與變遷。

早期南京路模型。

1	2	3
4	5	

1）老上海的京戲茶園模型。
2）館內環境呈現老上海生活情景。
3）老上海照片：跑馬場。
4）上海傳統建築：石庫門。
5）20世紀初上海街道建築景觀。

放感情學上海話

若對上海話有興趣者，在陳列館的末段展覽牆上，也能看圖學個幾句，放感情跟著念念看，會更有效果。

空手道：白吃白喝的人	娘娘腔：女人味的男人
鬼出莫辯：鬼鬼祟祟	毛毛雨：小意思
上只角：高檔區	退灶私：丟臉
大大：爺爺	發嗲：撒嬌

04. 甜愛路＆愛心郵戳

老一輩人傳說，愛侶牽手走過這條甜愛路，愛情就會長長久久，號稱是上海最浪漫的馬路！特別是夕陽西下時與情人漫步於此，緩慢的腳步下踩著長長的影子，溫熱的掌心輕握著濃情蜜意，說有多浪漫就有多浪漫！

地址：上海市虹口區甜愛路＆溧陽路1338號／**時間：**溧陽路1338號門衛室全年無休，上班時間為08:00～18:00／**價錢：**愛心郵戳免費，也有明信片販售服務／**交通：**搭乘地鐵3、8號線到虹口足球場站1號出口，步行10～15分鐘；或搭乘47、597、863等路公車到「魯迅公園」、「甜愛路山陰路」或「溧陽路寶安路」站／**注意事項：**明信片寄大陸各省郵票8毛，寄回台灣要貼1.5元的郵票，寄其他國家則是4.5元的郵票；週一～五是愛心郵戳守護者汪大叔的值班時間，建議請他蓋章，他蓋章專業，清晰不糊。

清幽浪漫的甜愛路。

愛情牆與愛心郵筒

甜愛路兩側多有圍牆，由於刻有多首中外知名情詩，又稱「愛情牆」。艾咪突然詩興一起，也作首情詩：「我不想你，是的，我總想自己不去想你；我不愛你，是的，世界末日後我不再愛你。」

情人在這裡除了可讀詩、吟詩之外，又因為牆與路樹之間提供的隱密性，故也是情侶擁吻喇舌的好所在，聽說魯迅和夫人也常到此擁吻……不，是散步。至於孤身到此的旅人，也無需落寞，可寫張明信片，並蓋上愛的戳章，投入甜愛路上的愛心郵筒寄給伊人，一樣甜蜜。

上）愛情牆上的中外情詩：自從我沉湎在愛人的懷抱裡，星星和深夜我都已忘記。
左下）隱密性強的甜愛路，是戀人散步、親熱的好所在。
右下）甜愛路與四川北路交界處的愛心郵筒。

愛心郵戳在溧陽路1338號

想蓋愛心戳章留念，就要來找面惡心善的「汪先生」。位於溧陽路1338號的「虹口區四川北路街道」管理室裡，汪大叔一見到我們，就默默地拿出愛的戳章，想必是因為我們臉上就寫著「懂門道的觀光客」。沒錯，一般人是很少知道要來此蓋愛心章的。更幸運的是，汪大叔一聽說我們是台灣來的姑娘，馬上打開抽屜拿出隱藏版的第一代老戳章，他說：「只給特別的人蓋。」哦～討厭啦！怎麼這麼會說話！

愛的戳章。

汪大叔會一邊幫你蓋章、一邊跟你聊天，也會一邊碎碎念：「蓋章一定要讓小字清楚，小字不清楚就沒意思了。」可見對自己蓋章功力相當自豪。此外，愛心章上的年分會逐年更改。汪大叔說，以前的章都會保留下來，於是我們向他撒嬌一下，他就連以前的章都幫我們全蓋上了。「一般是不幫忙敲以前的章，但你是台灣的嘛，我照顧一下，不是台灣的就不照顧囉！」大叔會說話的功績又添上一筆！

敲章達人汪大叔

我雖然長得兇，但其實很親切

敲章有學問，叔叔有練過

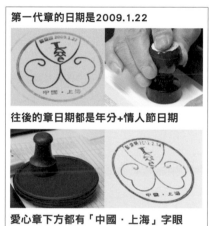

第一代章的日期是2009.1.22

往後的章日期都是年分+情人節日期

愛心章下方都有「中國·上海」字眼

與汪大叔下班前的合影

台灣女孩真愛拍照…18:00下班時間到了～趕緊回家吃飯去

台灣來的嘛～我照顧一下～不然平常不會隨便跟人合照的

甜愛路周邊地圖

從「虹口足球場」站1號出口出來，行經四川北路、甜愛支路，即可到達甜愛路。右轉後走到甜愛路終端，可遇見愛心郵筒，若需要蓋愛心戳章，可繼續前往溧陽路1338號。

🜂 上海二三事

明信片背後的故事

安伯向汪大叔買了一組30年代上海畫報女人的明信片，其中一張據說是唱「夜上海」的明星周璇。汪大叔感嘆地說：「周璇多才多藝，是很有才華的女人，可惜死得太早。當年周璇遇人總是不淑，加上婚姻失敗，種種刺激後腦子出了毛病，於是步上自殺這條不歸路。最後留下的一個孩子，讓一位電影明星給領養了。」

影星 周璇
Zhao xuan

「夜上海」演唱者周璇。

05. 人民公園

地址：上海市黃浦區南京西路75號／電話：(021) 63271333／時間：06:00～18:00／價錢：免費／交通：搭乘地鐵1、2、8號線至人民廣場站／注意事項：建議至「上海城市規畫展覽館」參觀，可深入了解上海的過去與現在。人民公園相親角位於公園5號門附近。

位於上海市中心，鄰近上海城市規畫展覽館、南京路步行街、人民廣場，而上海美術館、上海當代藝術館即在此區。公園的周圍都是大樓，所以這裡算是被大樓包圍的一塊綠地，由於上海公園很少，故顯得人民公園的珍貴。在這裡可以餵鴿子、賞荷花、下棋與觀棋，是上海市民一部分的生活寫照。

值得參觀的上海城市規畫展覽館。（圖片提供／鄭耀鴻）

老爸老媽的相親Party

皇帝不急，急死太監；兒女不急，急死爸媽。孩子大了不想婚、沒對象怎麼辦呀？嘿，拿著你孩子的「履歷」來人民公園尋覓對象吧！公園內有個「相親角」，每到週末會有上百位父母聚集在那，為子女相親，場面極為壯觀！但艾咪心想，搞不好孩子都已有對象了，只是不好意思跟父母講啊！

不過，父母們在此聚集，挑媳婦、選女婿，竟讓安伯有種「人口販了」的錯覺。聽說稍有姿色的女孩經過這裡，還會被拉住呢！因此來這走走，說不定就會見到婆媽叔伯聚集挑媳婦、賣兒子的盛況。

安伯為相親而擺的戰略姿勢

單身中～
盼尋有緣人！

滬 上海二三事

上海男，找媳婦真難

一次上海的出租車上，聽著師傅娓娓道來上海男的心聲。他說，上海女孩找對象很簡單，但男孩就很困難。沒房子、工作不好、月工資僅3,000～5,000元，很難交到女朋友。有房、有車、有好工作還不夠，人品也要夠好，才能找到伴侶。這也難怪類似「非誠勿擾」的相親節目這麼熱門。然而，導致上海男人壓力大的最主要關鍵還是房子，但房價如此之高，也只能空有「心有餘而力不足」的感慨。

定期熱鬧的相親角，「紅娘」即是眾多父母。（圖片提供／施翔婷）

SHOPPING

滬

購物血拼

　　想逛百貨公司、連鎖服飾店，並體驗繁華的夜上海街頭與外灘風光，就去「南京路步行街」；想欣賞中國古園林建築，買些富有上海特色的觀光禮品，去「豫園」；在血拼之餘，若想休息用餐，「吳江路步行街」上就有很多平價餐廳。

　　不過，在上海若想體驗稍微高檔的行程，就要進行「燒錢不眨眼計畫」，因為「品味」在上海可是所費不貲，讓人直呼：「貴松松！」所以大家得自行斟酌囉！

上海購物消費高

本窮女窮得只剩帳單

壓垮窮女的最後一次血拼

BUY ME ♥

本小姐有的是錢

$$$

SHOPPING GUIDE 1

豫園

地址：上海市黃浦區安仁街132號／交通：搭乘地鐵10號線豫園站1號出口，出站後需步行；或搭乘805路公交車到新北門站／注意事項：豫園裡面小路多，容易迷路鬼打牆，建議事前先查看豫園地圖。

　　豫園是明朝時期的私人花園，呈現中國古典園林的建築風格，近代發展成為具有中國風的商業區。

左）豫園九曲橋，曲折迂迴，共有9曲，據說彎曲最多，最富吉祥。
右）夜晚豫園燈光燦爛，別有風情。

豫園有個上海女人

豫園商圈裡，不是餐廳就是商店，太商業化了一點，感覺不管走到哪，建築物們都不斷地發出：「掏出錢來～」的聲音(汗)，頗有壓迫感，但小商店的觀光商品還是值得一看。在文昌路63號有間「上海女人」，商品挺有意思，以各種形象的上海女子作插圖，復古又不失創意，很有老上海的風韻與味道。

上海女人店內擺設與商品

我愛上海女人～好美喔！

但我仍以身為台南女人為傲！

♥貼心提醒
豫園裡的美食指點

逛累了，就享用美食吧！「南翔饅頭店」(P.121)與「綠波廊」的小籠包都挺不錯，至於「寧波湯糰店」就別提了，湯圓吃下去後完全不想發言，很一般，建議大家不如留點胃去吃別的美食。

九曲橋、湖心亭旁的綠波廊酒樓，美國前總統柯林頓也曾到訪。

綠波廊招牌美食

蟹粉小籠包，餡彈汁多

精緻眉毛酥，有蔥油餅的味

椒鹽葫蘆酥，酥脆鹹甜香

桂花拉糕，淡雅清甜

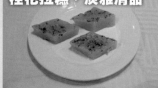

SHOPPING GUIDE 2
吳江路步行街

地址：上海市靜安區吳江路步行街／交通：搭乘地鐵2號線至南京西路站3、4號出口／注意事項：小楊生煎、南翔饅頭店在地鐵4號口的85度C樓上；莉蓮蛋撻位在地鐵3號出口附近。南京西路580號的「韓城」是知名的A貨商城，距離地鐵3號出口500公尺。

　　這裡像是一條餐飲休閒街，可以逛街購物，也有許多餐廳可供選擇，名符其實的「有吃又有抓」。短短一條街遊客滿滿，與繁榮的南京東路相比，這裡算是袖珍型的購物商街。

吳江路步行街街景。

　　在此的知名品牌服飾有：優衣庫（UNIQLO）旗艦店、GAP、H&M等等；特色美食有：莉蓮蛋撻、小楊生煎、南翔饅頭店，還有台灣的驕傲：85度C。

💜 貼心提醒
大推蛋撻、生煎包！超讚！
　　特別要狂推的是「澳門莉蓮蛋撻」（P.124），號稱「可能是上海最好吃的蛋撻」。另外，還有令人難忘的juicy「小楊生煎包」（P.122），一咬後，湯汁如流彈般狂妄噴射，是我倆心目中滿分的「爆炸生煎包」。

上）步行街上可愛又有特色的韓國餐廳。
下）連鎖服飾爭奇鬥豔。

Delicious Dishes.

南翔饅頭店

地址：上海市黃浦區豫園路85號九曲橋畔（豫園店）／**電話**：(021)63554206／**時間**：08:30～21:00／**價錢**：蟹黃灌湯包1個35元；招牌蟹黃小籠包1份48元(1份6個)／**交通**：搭乘地鐵10號線到豫園站3號出口，出站後沿著福佑路、舊校場路步行，進入豫園商圈內，找到湖心亭即到達。路程約10分鐘；或搭乘805路公車到新北門站／**網址**：www.laomiaocanyin.com／**注意事項**：分店眾多，可上網查詢。如：地鐵南京西路站附近有吳江路店(同層樓還有小楊生煎)。

想品嘗美味的小籠包，在台灣就去「鼎泰豐」，到上海就去「南翔饅頭店」。據說在大陸北方，無餡的稱為饅頭，有餡的叫包子，但南方則統稱為饅頭。有百年歷史的南翔小籠包，傳承至今已成為上海傳統小吃之一，也有「中華名小吃」之稱。

蟹黃小籠包。(圖片提供／陳冠樺)

灌湯包像是空包彈？！

南翔包子以皮薄、餡豐、滷多、味鮮聞名，「蟹黃灌湯包」、「蟹黃小籠包」是店內招牌主打。灌湯包內，只有湯汁和一點點蟹黃，插著一根吸管，很有喝飲料的感覺。不過，只有零星的蟹黃卻沒有肉的包子，我倆吃得很不習慣，彷彿是顆空包彈，孕婦肚裡沒有寶寶的感覺。且價格比較貴，感覺不太值得，所以不推薦。

很Q的造型：包子插吸管

奇怪…只有湯跟蟹黃少許，好空虛!我要吃肉！

解決湯汁和蟹黃後，只剩不想吃的厚厚包子皮

以造型取勝的蟹黃灌湯包，就是一個包子形狀的鹹飲料，湯汁挺鮮甜，不過蟹黃很少。

小籠包好吃到掉渣！

跟單一顆的灌湯包比起來，小籠包好吃太多了。內餡扎實，湯汁飽滿，而湯汁偏甜，沒有腥味也不會太濃，屬於溫柔的甜味，品嘗起來很舒服，好吃到彷彿鬍渣都跑出來了呢！

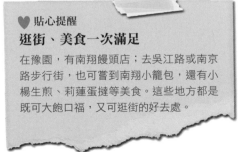

♥貼心提醒
逛街、美食一次滿足

在豫園，有南翔饅頭店；去吳江路或南京路步行街，也可嘗到南翔小籠包，還有小楊生煎、莉蓮蛋撻等美食。這些地方都是既可大飽口福，又可逛街的好去處。

小楊生煎

地址：上海市靜安區吳江路269號2樓(吳江路店)(同一層還有南翔饅頭店)／電話：
(021)61361391／時間：10:00～22:00／價錢：生煎包6元一份(4個)；牛肉酸辣粉一碗13元
／交通：搭乘地鐵2號線到南京西路站，4號出口／網址：www.xysjg.com／注意事項：分
店眾多，可以上網查詢。如：南京路步行街上的「上海市第一食品商店」2樓、東方明珠
塔旁、上海站、上海南站等地皆有售點。

小楊生煎的Logo超可愛。

　　令人難忘的小楊生煎包，褶多皮薄、底巴焦脆、內餡飽滿，一口咬下去，肉汁如水柱般噴
出！一份生煎包有4個，差不多是一個女生的分量，多吃會膩，反而扣分。除了生煎包外，菜
單上還有很多選擇，如：牛肉酸辣粉等等，但酸辣粉麵條太硬，口味略酸，所以還是首推最
好吃的生煎包！

底巴焦脆

餡料飽滿

滿臉肉汁

這麼好吃的小楊生煎包以後吃不到怎麼辦啊！

上）地鐵南京西路站的吳江路店。
中）吳江路店內，時常客滿。
下）小楊生煎的透明廚房。

艾咪安伯
旅行拍立得

 啪嚓！

狂噴汁的美味生煎包

安伯(驚)：「噴了！噴了！爆漿生煎包！我不敢亂咬了(崩潰)！」

艾咪：「慢慢咬啦！」

安伯：「它會噴汁，但外皮超脆！」

艾咪：「沒錯，好滿好滿的湯汁，裡面的湯汁竟多到可以漱口耶！且可以漱第二次？！然後下面的皮是軟的，上面的皮是硬硬脆脆的，真是皮薄餡多滋味好啊。4個6元，一般女生吃4個就夠了。」

安伯：「但我能吃6個！太好吃了！」

艾咪：「安伯……你肚子跑出來了耶。」

面對爆漿生煎包，安伯好悶

莉蓮蛋撻

號稱「可能是上海最好吃的蛋撻」來自澳門，皮薄酥脆、內餡綿濃！香、滑、鬆、奶，是好吃的主因，也是其最大特色。趁熱咬上烤得焦脆的蛋撻，哦～裡酥外香，軟滑可口，讓人瞬間忘了言語。對艾咪、安伯來說，這肯定是這輩子吃過最好吃的蛋撻了！

地址：上海市靜安區吳江路169號四季坊(吳江路店)／價錢：蛋撻4元1個，有原味、起司兩種口味／交通：搭乘地鐵2號線到南京西路站，3號出口／網址：www.dianping.com/search/branch/1/0_15117/g0／注意事項：分店眾多，可上網查詢。如：南京路步行街上的「上海市第一食品商店」2樓也有售點。

上）原味蛋撻。
下）吳江路店內。

捨不得吞

為什麼讓我吃到這麼好吃的蛋撻！

不顧形象猛吞的女朋友

在店門口大啃蛋撻的香港情侶

艾咪安伯
旅行拍立得

啪嚓！

好吃到語無倫次的錄影對話

艾咪：「現在在哪裡？」

安伯：「澳門……哈，是在上海啦！但我已經被這個蛋撻帶去澳門了。」

艾咪：「喂…你一定要吃成這樣嗎？」

安伯(啃食中)：「Mm…像在接吻一樣呢！嘴唇都有蛋撻酥(舔)。」

艾咪：「那原味的如何啊？」

安伯(繼續啃食)：「我已經吃到不會說話了。」

艾咪(傻眼)：「蛋撻中心很熱，不會硬硬的，是柔潤綿軟的口感，但表層很酥，會有卡滋卡滋的聲音。」

安伯：「一個才4元，很便宜耶，再去買一個！」

艾咪：「等等，先做個Ending吧！我們在哪裡啊？」

安伯(意猶未盡)：「澳門！」

艾咪：「屁啦！」

可愛的紙袋包裝。

好吃到傻眼

牽絲的起司D味

追不及待嘗試美味蛋撻

老船長青年旅舍

地址：上海市黃浦區福州路37號／**電話**：(021)63235053／**價錢**：多人間床位70元；雙人標準間358元；持YH卡可享7〜30元會員折扣／**交通**：搭乘地鐵2號線到南京東路站2號出口，河南中路上往南走，遇福州路左轉步行約5分鐘／**網址**：www.yhachina.com/ls.php?hostID=1&id=14／**郵箱**：captainhostel@163.com／**注意事項**：旅舍1樓的「貓空書店」販售明信片與特色郵票，也提供寄給未來的慢遞服務(註：明信片寄大陸各省，郵票0.8元；寄港澳台，郵票1.5元；寄其他國家，郵票4.5元)。

旅舍內船長塑像。

旅舍鄰近外灘，接受電話訂房。6樓還有「船長酒吧」，可以登高遠望浦東美景，為旅舍加分不少。只是旅舍整體的空間設計感不是很好，乾淨度也有待加強。至於1樓的交誼空間還是個邂逅豔遇對象的好地點！牆邊還有「慢遞未來」的明信片郵筒格（以日劃分，故此面牆共有365格），可寫張明信片，寄給未來的自己。

快來快來約我~
我是你的新寶貝~!

1樓交誼廳，邂逅豔遇的好地點

左）雙人標準間環境簡單、舒適。
中）旅舍外觀。
右）標間浴室環境乾淨整潔。

賺爆了！外灘風光

　　船長酒吧裡設計得像一艘船，外頭則是露天陽台，浦東風光直逼眼前，景致媲美外灘眾多高檔餐廳。此外，這裡也供應英式、瑞典式早餐。若遇上好天氣，建議到戶外用餐兼曬太陽，在藍天白雲下的上海，體驗一種怡然自得的品味生活，並沉醉在愉快的幸福裡。在這，點杯飲料頂多30元，甚至單純參觀拍照也OK，日夜景都正點，超賺！

左上）陶醉中的安伯。
右上）露天酒吧真愜意，萬國建築群伴左右。
左下）旅舍頂樓的露天酒吧夜景，可一覽浦東的璀璨風光。
右下）船長酒吧內的布置與裝潢概念就是一艘船。

美景令人暈

南京路青年旅舍

　　旅舍鄰近南京路步行街，從地鐵站步行到旅舍，只需3分鐘，地理位置極佳，想去哪玩都非常方便。官網還有「在線諮詢」，回應問題相當迅速，可多加利用。

地址：上海市黃浦區天津路258號／電話：(021)63220939／價錢：多人間床位60元(獨立共用衛浴)；雙人標準間220元；持YH卡可享5～20元會員折扣／交通：搭乘地鐵2號線到南京東路站1號出口，步行3分鐘可達／網址：www.yhachina.com/ls.php?id=275／郵箱：mingtown@foxmail.com。

左）旅舍櫃檯與正在check in 的安伯。

右）旅舍位在天津路馬路邊，招牌並不明顯。

外灘一帶最便宜的青旅

　　旅舍1樓設有咖啡廳，2、3樓則有公共休憩室，至於房內的空間擺設走簡約風，給人一種舒適、乾淨、有品味的感覺。若3人同行，還可以選擇一晚270元的家庭房，經濟又實惠。總之，比起「老船長」、「藍山」青旅，南京路青旅算是外灘這一帶，最便宜也是交通最便利的旅舍。因此，旺季時應提早預定，先搶先贏。

左）1樓餐廳的美式早餐。
右上）1樓舒適溫馨的交誼餐廳。
右中）雙人標準間，環境簡約舒適，空間頗大，望向窗外還可觀察街道路人，挺有感覺。
右下）2樓的公共休憩室，設有撞球桌與廚房。

迅速發展的上海

地鐵「人民廣場站」三線匯聚，尖峰時刻體現上海人口爆炸的現狀。

據說上海人有天生優越感，只要是外地人，哪怕是首都北京，都算是「鄉下人」。一位上海朋友承認，不歡迎外地人來上海生活，因為資源被瓜分了，且學校名額變少了，本地人權益受到傷害。目前，上海的常住人口已超越台灣的戶籍人口，外地人也比本地人多。

新上海人誕生

上海人的高傲，來此求學的濟南友人也有感觸：「問路時，常被用上海話回應，完全聽不懂。」但據他的觀察，上海人的溫柔在互罵時卻可略窺一二。

他說，上海街邊常可見吵架爭執，但就只是不停地罵，要是在山東、東北，早就瘋了，特別是武漢，絕對打起來了。但是上海人吵架完全像是打情罵俏，隔著自行車叫喊：「你再這樣？講不講理啊！」然後過一會兒就各回各家、各找各媽了。

但如今，上海的外地人多了，「鄉下人」一詞已逐漸被取代，據說現在稱呼外地來上海工作、長期居留的人為「新上海人」。

寧要浦西一張床，不要浦東一間房

隨著外來移居人數的暴漲，上海城市的發展也經歷很大的改變。

當年浦東才剛開發，發展較好的浦西在各種生活條件下贏過浦東很多。地廣人稀、一副荒郊野外的浦東，交通、購物、娛樂都相當不便，就連工作機會也是浦西較多，所以浦東人上班都還得擺渡到對岸。因此，即使浦東建造了一些較寬大的住房，人們還是寧可去住擁擠但熱鬧的浦西，一間浦西老石庫門的房子裡可能擠了一家十幾口呢！所以這句流行語就流傳開了：「寧要浦西一張床，不要浦東一間房」。但如今浦東陸家嘴一帶發展飛速，不少上海人甚至賣了浦西的房，到浦東置產呢！這樣聽來，浦東身價翻漲的故事，或許有些雷同台北的信義區吧！

上）新舊並存的上海城市中，迎面而來的人群又有多少是真正的上海人？
中）崛起的浦東新區。
下）擁擠老舊的浦西與浦東新區隔江相對。

話說，安伯最期待的莫過於就是上海的夜生活了。

上海夜店很精彩，外灘18號（Bund18）7樓的「Bar Rouge」有頂級視野，高富帥、白富美雲集，氣氛絕佳；若想同時用餐、飲酒、抽水煙，「新天地」、「衡山路」酒吧街有很多選擇；想刺激一下視覺感官，見識人體極限，晚上7點半就來「上海馬戲城」驚呆一下。

只可惜，夜上海的經典場景「百樂門」排不進我們的行程，因此安伯無法完成在百樂門裡把旗袍跳到破的心願。但留點遺憾也好啦，成為下次再來上海的理由。

同場加映 2

上海夜生活

和平飯店1樓景觀氣派、優雅。

頂樓亮亮的就是Bar Rouge的露天酒吧。

這棟就是外灘18號。

綠屋頂的是和平飯店，爵士酒吧就在1樓。

爵士酒吧小資訊

地址：上海市黃浦區南京東路20號和平飯店1樓

時間：17:30～02:00

老年爵士樂團：19:00～21:45（週日、週一表演延長至凌晨1點）

新爵士樂團：22:00～01:00（週二～六）。

和平飯店的爵士酒吧

聽說，上海爵士酒吧巴西人很多，跳起森巴舞來很熱情。但最有特色的還是和平飯店的爵士酒吧，是那些在老上海時期當白領，如今生活優閒雅致的上海老先生們，人稱「老克勒」的最愛。而酒吧檯柱是由6位70～80歲的中國老樂手組成的老爵士樂隊，傳奇故事還被拍成紀錄片《上海老爵士》。

左）爵士酒吧門牌。
中）爵士酒吧大門。
右上）和平飯店1樓景觀氣派、優雅。
右下）爵士酒吧內座無虛席。

　　那晚，我們探頭探腦地走進富有歷史感的和平飯店，在酒吧門口躊躇時，一位西方女士走來，親切地告訴我們可直接進去，不必害羞，我們這才放心進場，免費欣賞了一段爵士樂曲。聽完最後一首歌，我們便轉移陣地去了外灘18號當起夜店咖。

外灘18號的Cuvve Club

　　位處美麗的歷史性地標「外灘18號」裡，Cuvve的裝潢很用心，質感絕佳，整體氛圍與台北夜店有過之而無不及。調酒顧問請到法國傳奇大師Jeremy Plana，中場還有猛男秀，阿豆仔帥哥大露身材跳得很帶勁兒，害得我倆小心肝砰砰跳。

　　良家婦女艾咪有點半強迫式地被安伯拖來夜店，只是我倆當時走的是背包客休閒低調風，入口標語規定禁止穿戴的，都被我們穿在身上了，這樣行得通嗎？幸好辣妹服務員和保鑣沒阻攔，我們就以短褲、小可愛外加透氣涼鞋，閃亮進場啦！

　　在旅程中，艾咪一直是「相機控」，就連去夜店也想帶相機，安伯費盡九牛二虎之力才讓艾咪暫時放下相機。豈料，最後艾咪竟跳得比安伯還狂野奔放，腦袋都快被自己甩了出去，脖子還好嗎？看來，這位偽良家婦女其實是壓抑且悶騷的。

Cuvve Club小資訊

地址：上海市黃浦區中山東一路18號4樓
時間：20:00～02:00(週一休息)
外灘18號官網：www.bund18.com/cn(點選餐飲娛樂，有很多餐廳選擇)

00:30am

外灘18號大門。

真歹勢~
服裝不合格

CUVA3
OPEN
TUESDAY
SATURDAY

NG!

Cuvve Club入口

幸好管控不嚴，
拿到入場手環了

吧檯區

沙發區

哇~洋妞很
會扭嘛!

玩得太嗨了，仙杜
瑞拉安伯臨走時遺
留涼鞋一隻~(臭)

01:30am

舞台區

杭州

HANGZHOU

浙

優哉游哉的宜居好城

上有天堂，下有蘇杭，
這裡是南宋都城、茶都、絲綢之都；
也是中國最具幸福感的城市。

踏著單車，品嘗杭州生活品味。
划著船槳，吟誦蘇軾西湖之詩。

休閒在此，是種生活；
生活在此，是種休閒。

杭州
HANGZHOU

　　號稱「絲綢之府」、「魚米之鄉」、「茶葉之地」的杭州是座多元化城市，有山有水，為一處適合工作、生活、旅遊的綜合性都市。

　　這裡不乏繁華喧鬧的商業區，亞洲最大蘋果旗艦店就入駐在延安、平海路口。全球知名企業阿里巴巴(電子商務產業)總部就在杭州。湖濱路名品街夜晚霓虹閃爍，在濃濃時尚氣息的建築氛圍裡還伴隨著音樂噴泉，是西湖邊上最熱鬧的所在。

西湖岸邊，楊柳拂垂，享受慢活時刻。

夕陽西下、獨遊西湖，皆別有一番風味。

　　適合居住、生活，則是當地人之所以熱愛杭州的原因。氣候舒適、物產豐饒、環境純淨，飲食上令人安心。休閒活動選擇多，西湖保俶山是週末爬山健身的好去處。在杭州，人們步調緩慢，整座城市以一個舒適的速度發展著。治安良好的杭州，更享「中國最安全的城市」的美譽。再加上滬杭高鐵往返上海便利，所以許多人就選擇通車去上海工作，但生活還是要回到杭州，只為了定居在中國最具幸福感的城市。

　　此外，杭州旅遊資源豐富，如：西湖、西溪濕地，絕對是遊客天堂。除了美麗山水之外還有美女，當地女孩以清秀漂亮聞名，影星湯唯就是杭州本地人。在安伯想像裡，杭州居民過著與世無爭、悠然自得的生活。每天划划船、叫叫賣、泡泡龍井茶，享用西湖醋魚，過著不高調卻很吸引人的日子，正所謂「上有天堂、下有蘇杭」。雖然這純粹是浪漫觀光客的幻想，不過杭州確實給人一種溫柔寧靜、怡然優美的氛圍，就連電影《非誠勿擾》、《飲食男女2》都來此取景，「中國最佳旅遊城市」果然名不虛傳！

（浙）

媒體人 **木子來**
　　初到杭州，必不可錯過「西湖」，最好再划一下船更有Feel；西湖邊的「樓外樓」餐廳價格不菲，但具有代表性；岳飛廟旁的「香格里拉」自助餐點很有名，外國廚師掌廚，雖昂貴但口味道地；「河坊街」匯集許多杭州小吃與紀念品，附近還有「城隍山」，登山可遠眺西湖景色；「梅家塢」是龍井茶產地，「茶葉博物館」就在那。

INFORMATION
實用資訊

‖ 杭州大眾交通工具的小知識 ‖

■ 火車站

主要車站為「杭州站」、「杭州南站」。

當地人把杭州站俗稱為「城站」，為杭州最古老也是大多數高速火車(高鐵、動車)停靠的車站。杭州南站亦稱為「蕭山站」，離市中心較遠，停靠一些較高鐵慢速的車種(動車、特快車、快車)。

杭州南站位於蕭山區，300路公車可直達杭州站，票價3元。

■ 地鐵

2012年杭州地鐵1號線通車，地鐵票價以計程制，費用2～8元。站內不可飲食。首末班車時間大約是早上6點半，到晚上8點半。

1號線上，「城站」就是杭州火車站，是為一般旅客比較常利用的地鐵站；而「武林廣場站」一帶則是杭州市中心，為主要的旅遊商業區。

杭州地鐵標誌像字母m。

■ 出租車

3公里以內都算起步價11元，10公里內每公里2.5元，超過10公里，每公里3.75元，不另加燃油費。上下班時間容易堵車，尤其下午5點左右是交通高峰期與出租車交班時間，不易打車。

出租車內的旅客。

浙 杭州二三事

人休息，車不休息

在北京，很多出租車是公司的，但這次我們在杭州遇到的出租車阿姨，他的車是自己的。傍晚時間一到，他就把車送往夜班師傅那裡，然後自己就回家休息。想必是物盡其用，還可以跟夜班師傅收一點費用，只是辛苦這台車了。下車時，阿姨還說：「你們普通話講得滿好的嘛！」當然囉，我們在台灣就是講國語(普通話)啊！

■ 公交車

杭州公車是上車收費，無售票員，須自備零錢投幣且不找零。一般收費2元，Y字頭為旅遊專線的觀光巴士，票價3元。候車站旁設有電子看板，顯示下一班公車與站牌的距離，公車上也會有語音提示即將停靠的地點，十分貼心。

杭州的公車站牌是大陸旅程中見過最乾淨、精緻的。

公交線路查詢

對旅遊來說，杭州公交系統算是挺便利的。出發前，事先上公交網查詢相關線路，有助當日旅程更加順利。

杭州公交集團：www.hzbus.com.cn

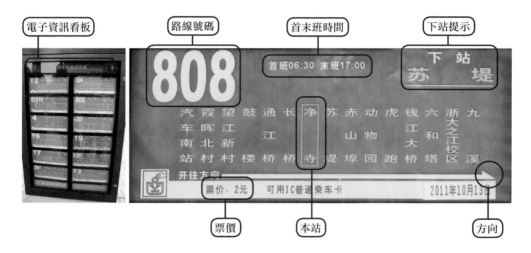

電子資訊看板　　路線號碼　　首末班時間　　下站提示

票價　　本站　　方向

■ 公共自行車

在杭州，隨處可見騎單車的人們，他們不是為了接送孩子上下學，而是純粹休閒。同一台單車1小時內免費，1～2小時內收費1元，2～3小時內收費2元，租用超過3小時，每小時3元計費。所以，當時間快到1個鐘頭時，先還掉再續借，是省錢的小撇步。「隨租隨用，用後速還」是主要理念，可以甲站租、乙站還，且必須當日歸還。單車租用的營業時間為早上6點到晚上9點，若超過時間應前往24小時服務點還車。

如何辦理公交IC卡(Z卡)？

憑台胞證，到任一處租用服務點或「龍翔橋公交中心站」辦理，並儲值300元(200元為保證金，100元為預付金)，離開杭州前，亦可於售卡點辦理退卡。

杭州市公共自行車交通服務：www.hzsggzxc.com

左）整個城市都可見自行車身影。
中）一座人人騎單車的城市。
右）連交通標誌都有單車身影。

‖ 適合旅遊的季節 ‖

　　3月下旬可可到「太子灣」賞花，一片花海是婚紗拍攝熱門景點。只是，3～5月是杭州的花季也是雨季。杭州雨水多，5月是梅雨季，夏天則是一陣陣的大雷雨。但可能也因常下雨的緣故，空氣品質還不錯，清新舒爽。而在這段時間，最好避開五一連續假期，以免讓人潮擠走旅遊興致。除了春天，秋天也是杭州的旅遊好時節。9、10月還不會太冷，氣候宜人。夏天則不太適合來杭州旅遊，因為非常炎熱，想當初艾咪和安伯因為天氣酷熱完全不想動，只想窩囊地待在旅舍吹冷氣。

‖ 黑車、黑旅館、野導遊都別理 ‖

　　一出車站，不要理會熱情招客的旅店人員，基於安全考量也不要搭黑車，到了景點，更不要找無證的野導遊。尤其，西湖邊的野導遊很多，這些導遊收費不一，多半不是杭州本地人，講解的內容也不見得完全正確。更重要的是，不要去參加路邊的旅行團，那會帶你去購物，可能還會坑你的錢。總之，一切都以正規的旅店、出租車、導遊、旅行社為主。

杭州旅遊集散中心：www.96123.com

浙江省中旅社、旅遊集散中心提供很多一日遊的資訊與行程。旅遊集散中心就是專門做短期旅遊的，河坊街入口拐角處就有一家。

旅遊集散中心也是旅遊諮詢中心。

火車站外拿牌子招客的業者不太可靠。

杭州旅遊網：www.gotohz.com.tw

此網站設計得很不錯，有很多旅遊專線與資訊可供參考，如：環湖巴士、夜遊線。

01. 西湖

地址：杭州市西湖區西湖風景名勝區／**電話**：(400)8780011／**時間**：西湖景區全天開放，需購票的景點才有限定開放的時間／**價錢**：遊西湖周邊免費，部分景點需另購門票，如：岳王廟、雷峰塔／**交通**：搭乘4、Y2、Y3、Y6、Y7、Y9、504、808、K822等路公車到「蘇堤」下車／**網址**：www.hzwestlake.gov.cn／**注意事項**：西湖範圍很大，是開放性的，葛嶺、斷橋、蘇堤、岳王廟等站點都在西湖周邊。Y9公車是環湖線，涵蓋了西湖周圍的景點，票價5元，旅客可多加利用。

　　西湖有新、舊十景，較原汁原味的舊十景是在南宋時形成的，指的是在杭州西湖周圍富有代表性的景點，包括蘇堤春曉、花港觀魚、雷峰夕照、三潭印月等等。這十景出現在不同季節，要一口氣欣賞完這十景的風光是不太可能的，因為比如說，看得到春天代表的「蘇堤春曉」時，就無法見得冬天的「斷橋殘雪」。

　　至於「新西湖十景」是在1984年，由杭州多家單位聯合發起的評選活動而產生的。包括：雲棲竹徑、龍井問茶、黃龍吐翠、玉皇飛雲、寶石流霞等等。這也代表一股新杭州印象與標誌的誕生。

左）步行蘇堤的人們。
右）搭船遊西湖的人們。

遊西湖，交通方式選擇多

　　遊西湖有許多方式，搭船就是其中一種。西湖岸邊上多處設有碼頭，費用依船型不同略有差異。另外，「環湖電瓶車」也是遊湖的好選擇，艾咪和安伯就選擇了這項。隨招隨停，一個區間每人收10元，環湖一周40元。一路上司機還會簡介沿途風光，令遊客更能了解西湖之美。但若對典故沒興趣也可以租輛自行車，跟著感覺走，自助遊西湖。如果想省錢加健身，那就搭11路車：雙腿漫步走蘇堤吧，全長2,800公尺，走完保證鐵腿！

上）環湖車上的安伯與艾咪。
下）環湖車上還有可愛遊客向鏡頭比ya。

傳說中精彩的「印象西湖」舞台劇

西湖周邊，建議還可以去湖濱路名品街逛逛，是熱鬧的商圈，類似台灣的信義區。附近還有定時的音樂噴泉表演，傍晚時分一到，遊客就開始排排坐占好位置了。另外，岳王廟附近，夜晚會上演由張藝謀執導的水上實景舞台劇《印象西湖》，不過，票價並不便宜，大約是260～600元不等。

花花姊妹團，西湖最搶眼

西湖除了有湖邊美景外，最美的風景也可能是人。有好多少女，或假裝少女的少婦，打扮像朵花，鮮豔身影著實吸引艾咪與安伯的目光，因此忍不住偷拍了好多照片，鏡頭裡他們的Pose都好迷人喔，自我陶醉不已。莫非是因為西湖的浪漫氛圍，人人的自戀基因都張狂了嗎？逼得艾咪詩興大發：「欲把西湖比西子，淡妝濃抹總相宜；人人願作林志玲，我看個個像如花。」好詩好詩！

上）湖濱路旁等待音樂噴泉表演的眾人。
下）舞台建於西湖水面，燈光多變再搭配水煙渺渺，演出現場如夢似幻。

POSE大車拼

西湖美女如雲啊！我怎麼不晚生個幾百年呢？

我看這些照片拿去相親會成功！

美呆呆俱樂部：來西湖的女孩兒都超活潑

地址：杭州市西湖區梅家塢村(梅靈隧道以南，沿著梅靈路兩側)／
價錢：龍井茶品種眾多，若要購買，一罐500公克的價格約為180
元到上千元都有／**交通**：搭乘Y4、K324、K658、K837等路公車至
「梅家塢站」下車／**注意事項**：若從杭州市區搭乘公車前往，車程
頗久，建議早些出門；3月龍井上市時特別熱鬧，主要活動有：踏
青、採茶、炒茶、茶藝、茶道表演，以及做一日茶農活動等。

02. 梅家塢茶文化村

茶村裡的梯田風光，令都市人嚮往。

已有600多年歷史的梅家塢村，產西湖龍井茶，村裡共有500多戶茶農，並有百餘家茶坊，好山、好水、梯田、茶園構成有如世外桃源、人間仙境的茶村風光，富有「十里梅塢蘊茶香」的美讚。

品茶、買茶、農村樂

近年隨著交通的發展與隧道的開通，此村已成杭州人假日休閒之所，許多茶坊都設有接待室，為訪客提供解說，包括梅家塢茶的歷史、茶的摘採、炒製等等，除了聆聽解說外，也可在此品茶、購茶、賞茶。

通常，杭州人會在此花上一天，與親朋好友喝茶、談天、打牌、吃農家飯，享受愜意的農家生活，體驗真正的農家樂！不過，除了吃飯、喝茶外，也可在村裡逛逛走走，呼吸清新空氣，享受田園風光，這裡沿路都是翠綠梯田，幸運的話，還能遇上正在採茶葉的當地人喔！在此朦朧氛圍之下，還真像極一幅水墨畫。

左）接待員幹練地沖泡茶葉，
供遊客品茗。
右）梯田裡，找回童心的遊客
在此擺著不同姿勢拍照。

逐漸商業化，古樸味漸失

不過，越是熱門的地方，就越有「太商業化」的危機。梅家塢村來訪遊客眾多，假日時前往，停車位是一位難求，故這裡已漸漸失去原有的古樸農村味了。同樣問題，附近的「龍井村」茶園也正面臨。只是，在距離杭州市區這麼近的地方，居然有如人間仙境的世外桃源，也難怪都市人擠破頭，想來個身心靈的放鬆之旅。

左）商業化重，茶村彷彿是專
業旅遊區，販售各式特產。
右）已逐漸商業化的茶園。

03. 六和塔

地址：杭州市西湖區之江路16號／電話：(0571)86591364／時間：06:30～17:30／價錢：入場券為20元，登塔則另需收費10元／交通：搭乘2、K4、308、504、遊5路、假日5到「六和塔站」下車／注意事項：最佳旅遊時間是9月，這時可看錢江一線潮，有「八月十八潮，壯觀天下無」之讚。

　　六和塔為北宋時建造，位處錢塘江北岸，塔高約有60公尺，共有13層。傳說此塔是為了鎮壓錢塘江潮水以及指引江上船隻而建的。

登塔發現小巧思

　　塔內各層都可通到外廊，欣賞周邊秀麗風光，也可盤旋而上，直達塔頂眺望錢塘江壯闊之美。如此景致，不僅百年前文人墨客喜愛，就連乾隆下江南時，也不忘造訪，並在塔裡留下多處題字匾額。此外，塔內牆面上，有豐富的雕刻藝術，題材從人物到百鳥花卉，十分多樣精采，而這樣的小巧思，在塔中共有200多處。

六和塔內部，無論是雕刻藝術、梁柱色彩都十分講究。

左）六和塔前廣場展現民俗文化。
中）六和塔文化公園入口。
右）六和塔內部一景。

錢塘江每到農曆8月都有大潮現象。

遠眺錢塘江大潮

　　在此另一個旅遊特色則是「錢塘潮」。每年農曆8月18日左右，會有錢塘大潮的現象發生，許多遊客都是特地選在此時前往杭州，就是想目睹這世界奇觀。而那時的錢塘潮有如巨浪來襲，十分壯觀且危險。

SHOPPING

浙

購物血拼

SHOPPING GUIDE 1

河坊街

地址：杭州市上城區河坊街步行街(近華光路)／**交通**：搭8、60、119、195、208、216、404、k195等路公車到「高銀街東口」；或搭35、Y6到「高銀街」／**注意事項**：從河坊街出發，步行約30分鐘可到西湖。

古代「清河坊」是杭州的繁榮地區，也是南宋時的「皇城根兒」，都城的政治文化中心。河坊街即屬於其一部分，青石路面上，老字號商鋪、酒樓茶館、古玩、字畫小攤雲集，重現杭州歷史風貌與市井文化。故不遊河坊街，不算到過杭州。

河坊街入口處。

這位太太跟我長得出奇地像

河坊街口的「百子彌勒」

河坊街最大招牌：「胡慶餘堂國藥號」

話說：「南有慶餘堂，北有同仁堂。」而這胡慶餘堂就是紅頂商人胡雪岩所創，在河坊街上有個超大招牌，想不注意到都很難。艾咪不禁回想起台灣某則中醫診所廣告：「坐骨神經痛就是腰椎椎間盤移位，有這款情形請打免費電話控八控控。」這種俗又有力的中藥鋪裡應該都是老人家才對吧？沒想到一進入胡慶餘堂，年輕人竟也不少。安伯跟一群女大學生攀談，才知道他們是來看痘痘的，正排隊掛號。櫃檯那掛著眾多醫師牌，每位醫師還有不同的身價，例如：施明仙是主任中醫師，要價50元；傅立寧是副主任醫師，要價僅7元，艾咪真想知道傅立寧作何感想？

參觀胡慶餘堂

大招牌　　　　　藥鋪內　　　　　櫃檯　　　　　每個醫師價碼不一

伴奏、說戲的「拉大片」

　　河坊街上有各式店鋪：絲綢、茶館、明信片、古玩等，其中最令人感到新奇的是「拉大片」（請各位好好發音，不然會覺得臭臭的）。「拉大片」是透過一個小孔來看，搭配一張張的畫面，老闆還會一邊伴奏、說戲，十分傳統。

古玩店，回憶過往

　　這邊還有古玩店，艾咪瞥見毛澤東海報，定睛一看上頭還寫著：「知識青年到農村去，接受貧下中農的再教育很有必要。」當時艾咪還不明白其意，經過一段大陸之旅後，才漸漸明白這是所謂的「知青下鄉政策」。在響亮口號背後，這下鄉政策其實是當年知識青年們揮之不去的夢魘，是遠離家鄉、無法施展抱負的悲傷歲月。

拉大片，兒童聽得入迷。

有創意的個人化紀念品

　　來到河坊街，女人看到那麼多美麗絲綢一定很心動。畢竟，出外旅遊總想帶回一些紀念品。但根據可靠情報指出，河坊街的絲綢算高價位的，專賣觀光客，若不嫌麻煩，可到武林廣場附近的「體育場路」的絲綢市場去挑選，價格更合理。說到這裡，杭州友人驚呼：「哇！我變成杭州人的叛徒了！」另外，刻一顆肖像印章，或來個古裝攝影、畫張個人素描，都是很不錯的旅行紀念方式。

正面古裝扮相不錯

背面的長馬尾顯得有些詭異

古裝攝影

肖像印章。

好了沒？臉僵了

最好給本姑娘畫得像點

像我嗎？

人物肖像

SHOPPING GUIDE 2
南宋御街

地址：杭州市上城區中山中路(鼓樓～西湖大道)／交通：搭乘8、60、119、195、208、216、404、k195等路公車到「高銀街東口」／注意事項：此處鄰近河坊街、打銅巷、中山南路美食街、高銀街，可一起遊覽。

左）御街拱門。
右）伴著流水的浪漫御街。

　　南宋御街是南北走向的，與河坊街十字相交，是條南宋臨安都城的中軸線，也是皇帝朝拜祖宗的專用路，為現今的中山路。近年，鼓樓至西湖大道段的中山中路被設計為步行街，路上聚集各式中西老建築，街道兩旁設立各種店鋪，商業氣氛相當繁盛，是遊訪的重點所在。除老房子外，路邊還有許多街頭藝術家在此工作，頗有露天藝廊之感；另外，還有散落的方池伴隨旅客的腳步，引水入街的設計營造出濃厚的南宋園林氣息與杭州人文氣質。

杭州與南宋御街的Logo。

品味
老建築

「中山中路」上欣賞老建築

　　逛河坊街，一定會經過御街。在這，適合以輕鬆腳步隨意逛逛、拍照，在老建築包圍下享受愜意氛圍。走在這條路上，彷彿暴躁的憤青都會被感化成優雅的文青。

中山中路70號。

河坊街103號。

中山中路79號。

中山中路108號。

中山中路81號。

路上隨時都會見到創意建築。

「中山南路」的美食街夜市

中山中路往南走，會經過鼓樓。注意別被鼓樓上鎮守的假人宋兵給嚇到了，不然會像艾咪一臉青筍筍。過了鼓樓後，就可發現「美食街」牌坊，夜晚的中山南路搖身一變成為夜市。若不想吃大餐，只想吃些小點心，最適合來這逛逛。

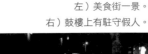

左）美食街一景。
右）鼓樓上有駐守假人。

好美喔！
好想進去～

鼓樓堂

打銅巷的台灣特產美食城。

「打銅巷」上有台灣美食城

打銅巷是河坊街上一段分支，與中山中路平行，往南止於鼓樓，連結中山南路美食街。古代這裡聚集五金鋪，滿街是叮叮噹噹打擊聲，現在轉為一條寂靜古樸的老街。打銅巷上還有座知名的基督教堂「鼓樓堂」，信徒安伯即使全身大包小包，也在教堂前駐足瞻仰許久。值得一提的是，打銅巷上還有「台灣特產美食城」，想念台灣味、想聽台灣腔，可以前去捧場，不過可能是宣傳不足，生意有些冷清。

「高銀街」上餐館林立

逛完河坊街、南宋御街後，若想找間餐廳休息一下、吃頓飯，建議前往高銀街，街上有許多餐館可供選擇。口味頗重的艾咪，在吃膩清淡的杭州菜後，馬上點了一桌川菜，搭配口味清爽、帶有甜味的的龍井蝦仁，正好合適。

左）高銀街上餐館多。
右）高銀街上餐廳用餐。

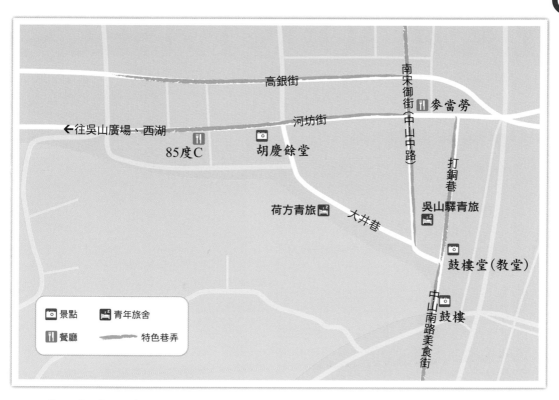

高銀街

南宋御街（中山中路）

河坊街　　　　麥當勞

←往吳山廣場、西湖

85度C　胡慶餘堂

打銅巷

荷方青旅　　大井巷　　吳山驛青旅

鼓樓堂（教堂）

中山南路美食街　鼓樓

景點　　青年旅舍
餐廳　　　　特色巷弄

艾咪安伯
旅行拍立得

 啪嚓！

明信片寄思念

　酒足飯飽後，眼尖的我們還發現高銀街上有一間郵局，馬上前往準備寄出寫好的明信片。此時，安伯站在一個古典可愛的郵筒前方研究了一下，才發現那只是一樣裝飾品。進入郵局後我們東找西找，才發現一處長得像垃圾桶的就是郵筒，再三確認後，最終小心翼翼地投入我們對家人、朋友的思念。

高銀街上的郵局　可到此寄張明信片給朋友喔

假的啦

正港的郵箱

Delicious Dishes.

▼ 杭州名菜

浙菜屬中國八大菜系之一，特色是「清爽別致」。所以重口味的我們來這裡就得入境隨俗，學會品味浙菜的淡雅。宋代詩人蘇東坡讚譽「天下酒宴之盛，未有如杭城也」，杭州美食的魅力可見一斑。以下特別介紹幾道杭州名菜，來到杭州，不妨嘗嘗。

東坡肉

東坡肉是杭州傳統名菜，據說是北宋文學家蘇東坡發明的。他在杭州出任時，因用心治理西湖，成為杭州人愛戴的父母官。百姓為了感謝其功而送豬肉答謝，蘇東坡就用紅燒手法烹調，送予民眾品嘗，於是大家就將其命名為「東坡肉」。因為好滋味不斷流傳，大小餐館皆可見到此菜，於是，東坡肉就為杭州第一道名菜了。

叫化童子雞

關於叫化童子雞有一則有趣的故事：相傳，古代有個叫化子(乞丐)，一日他餓到昏倒，朋友為他偷來一隻小母雞，因為沒有鍋灶可用，所以用泥土把雞包起來火烤，卻意外發現這樣的料理方式將雞的原味包覆於內，香氣四溢，味道鮮美。後來此事傳到酒樓，「叫化童子雞」就成了一道傳統名菜。

上）樓外樓是杭州知名的餐廳。
中）一盅東坡肉就是一人份，油、滑、嫩、甜，口味極佳。
下）叫化童子雞以葉子包覆火烤，造型奇特。

那天，我們來到河坊街西太平巷，有家小店叫「老杭州家常菜」，我們覺得這間的叫化雞比「樓外樓」的好吃，肉質鮮嫩，說是入口即化，一點也不誇張，好好吃呀！而且價格也比「樓外樓」便宜許多，經濟又實惠，果然是「巷子內」的更讚呀！

左）河坊街西太平巷5號的「老杭州家常菜」，雖是巷子內不起眼的小餐館，但料理卻十分美味。
右）老杭州家常菜的叫化童子雞，售價38元。

上）西湖醋魚，口味偏酸、偏重，魚刺頗多。
中）龍井蝦仁，口味清淡、爽口，還有股甜味。
下）蓴菜湯，淡淡的，沒啥味道，據說是道養生湯品。

西湖醋魚

此菜又稱「叔嫂傳珍」，相傳南宋時有宋氏兄弟兩人，以打漁為生。當地的奧少年為了強占宋家大嫂，竟害死宋大哥，又把宋小弟趕出村。臨行前，宋大嫂為宋小弟煮了糖醋燒魚作餞別。後來，宋弟在外取得功名，衣錦還鄉，並懲治了當年的奧少年。某日在一場宴席中，再次嘗到糖醋燒魚，這才得知宋嫂顛沛至此當廚娘，於是又與嫂團聚。

關於西湖醋魚，當地人都建議可試試去過泥土味的草魚，料理完後淋上糖醋醬汁，味道會更鮮嫩、酸甜。

龍井蝦仁

顧名思義，是加入龍井茶葉嫩芽烹製而成的蝦仁菜肴，是杭州的地方特色菜。嘗起來感覺像是裸體的蝦子勾芡後，撒上一丁點的龍井茶葉，口感咕溜咕溜滑滑的，對於重口味的台灣人來說，應該算是「滿淡雅」的一道菜吧！

西湖蓴菜湯

李時珍的《本草綱目》記載：「蓴生南方湖澤中，惟吳越人喜食之。葉如荇菜而差圓，形如馬蹄。其莖紫色，大如箸，柔滑可美……」這是一道沒有味道的勾芡湯，聽說裡頭含有大量維生素、蛋白質和微量鐵質，具有美容、健胃、強身、消腫、解毒等作用。

杭州小點心

河坊街上有很多店家販賣著小點心、土特產,如:酥油餅、花生酥、龍鬚糖、牛皮糖等等,不妨選幾樣小點吃,感受一下杭州風味。

左上)武大郎餅號稱中式披薩,老闆就是武大郎。

中)花生糕小店鋪。

右)安伯正在思索「吳山酥油餅」是啥,索性決定買一個試試。

吳山酥油餅

杭州的傳統名點,號稱為「吳山第一點」。相傳清朝乾隆皇帝遊吳山時曾品嘗過。外型像個碗,層層疊疊,灑上花生粉,起酥的口感像餅乾,有一點油膩,大口咬下會有卡滋卡滋的聲響。

吳山酥油餅,油油香香好滋味。

南宋桂花糕、花生酥

桂花糕的口感像綠豆糕，相當綿密，口味清爽，入口即化，還殘留淡淡清香。沒一兩下功夫就吃完了，一口接一口，很順口呢！至於花生酥是酥酥脆脆的，花生香味很濃，口感也相當不錯。但吃多會容易口乾舌燥，搭配熱茶效果更佳。

一咬就散的桂花糕，爽口、清甜。

左、中）製作中的花生酥。
右）薄薄一片花生酥，又香又脆，口感極佳。

武大郎餅

在河坊街上看到一名打扮成武大郎的小販賣著武大郎餅，是由麵粉、油、白糖、棗泥等材料製成。安伯很喜歡武大郎餅的口感，感覺是把餡和麵粉揉在一起，外面是軟的，然後越來越硬，最後裡面竟是脆的！之前從沒吃過類似的東西，口感特別。味道有些甜，搭配飲品應該不錯。

叫賣中，酷勁十足的武大郎先生。

去動物園打老虎了

武大郎餅平面與剖面

喂！這位太太你錢還沒給呢！

武松呢？

安伯買武大郎餅

▼ 樓外樓

地址：杭州市西湖區孤山路30號／電話：(0571)87969023，87969682／時間：10:30～20:15／價錢：人均消費約130元／交通：搭乘Y1、Y2、Y3、7、Y9、27、81等路公車到「岳廟站」下車後步行約10分鐘／注意事項：周邊尚有中山公園、浙江博物館、實景劇「印象西湖」等自然、人文景點。

餐館名取自南宋林子詞句〈題臨安邸〉：「山外青山樓外樓，西湖歌舞幾時休？暖風熏得遊人醉，直把杭州作汴州。」創建於清道光28年間(西元1848年)，為杭州知名百年老店，名聞遐邇。創始人原是來杭謀生的落榜文人洪瑞堂，所以這故事告訴我們，只要有心，聯考失敗的人也能成就大事業！

樓外樓門口招牌。

東坡肉最讚！

樓外樓的菜單上有許多選擇，但最令我們滿意的是「東坡肉」，嘗起來甜甜香香的，肉又嫩，肥瘦恰到好處，還有荷葉餅(類似台灣刈包)可以夾著吃，頗有越吃越順嘴之感啊！

一人一盅的東坡肉，搭配荷葉餅夾著吃，口感扎實，超滿足。

1	2	3
		4

1）樓外樓的菜單頗有質感，意味裡頭餐點單價都不便宜。

2）精雕細選的木質座椅。

3）服務生個個身著旗袍，溫柔典雅。

4）餐廳內部燈飾華麗、裝潢講究、格局氣派。

旅行拍立得

啪嚓！

與外國機師的樓外樓晚餐

在環西湖觀光車上，我們認識了廈門航空的阿豆仔機師與他的副駕駛。他們利用出差空檔時間來西湖觀光。就在環湖結束後，便一同前往樓外樓用餐。

相談甚歡之後，阿豆仔機師掏出他的信用卡說要請客，闊氣地全包了！最後還邀請我們搭便車，讓他的司機送我們回旅舍，於是又省下一筆交通費了！旅行就是常常會遇到這種驚喜的小確幸！

與萍水相逢的廈門機師合影。

LET'S CHECK IN!

荷方國際青年旅舍

地址：杭州市上城區大井巷67號(近河坊街、鼓樓)／**電話**：(0571)87079290，87063299／**價錢**：多人間床位50元(公共衛浴)；雙人標間208元；持YH卡可享5～20元會員折扣／**交通**：乘地鐵1號線到定安路站，D出口前行至中山中路步行街後右轉，沿中山中路往南走到盡頭時，右轉進入大井巷，左側的67號即是荷方；或可從城站火車站打車到鼓樓，起步價約11元／**網址**：www.hzhofang.com／**郵箱**：lotushostel2010@gmail.com。

旅舍由傳統四合院改建，具有濃厚江南Style風格，鄰近河坊街、南宋御街、鼓樓及胡慶餘堂，與姊妹店「吳山驛」青年旅舍僅1分鐘腳程的距離。旅舍內中西合璧的公共休閒空間，舒適感十足，附設的咖啡廳餐吧還供應中西式餐點。

荷方青旅的Logo。

左）在大井巷上的荷方青旅。
右）室內外公共交誼空間。

樓中樓房、標準間，各有不同感覺

複式大床房是樓中樓設計，房間位處山腳邊，為中國風的建築及擺設。第一層是衛浴及靠窗書桌，第二層擺放著雙人床墊，有木質梯子可攀登至上。整體氛圍頗有風情，但濕氣較重。

而擺放有兩張單人床的標準間位於旅舍2樓，裡頭設備簡單、乾淨，整體氛圍舒服明亮。往窗外望去，還可見許多古建築的瓦礫屋頂，別有一番悠閒的純樸風味。

複式大床房一晚198元。

標準間乾淨舒適。

眷戀可愛樓中樓小房間

要換房了…好捨不得

你如果沒那麼潮濕就好了

♥ 貼心提醒
進門後先檢查房況

本來住小小樓中樓的我們，發現所住的房因為窗外就是山崖，顯得房間有些潮濕。本想換房，但我們已使用了廁所，所以只好先住一晚，隔日再換。故在此提醒大家，進門後，先檢查房間狀況，若想換房，房內的設備都先不要使用喔！

艾咪安伯
旅行拍立得

啪嚓！

享用西式早餐，品嘗愜意

餐吧的風格給人愜意、輕鬆之感，但餐點價格又讓人輕鬆不起來，艾咪、安伯一共吃了111元的早餐，雖然價格不便宜，但滿美味的。這天早晨，安伯充滿幸福感地現身餐吧，艾咪點了培根、蛋、吐司，安伯看了看，覺得這樣的早餐氣氛真是美好，連拍照都氣質了起來，但等到自己點的沙拉來了以後，安伯瞬間傻眼疑惑：「難道幾片菜葉加麵包丁，就想打發我嗎？」於是安伯再也氣質不起來了。

美好的培根蛋吐司　令人氣質　無語的麵包沙拉　令人氣死

誤點雷人早餐的安伯

素描初體驗，
太唯美超不像

河坊街上好多素描攤，價格各異，建議多比價。在杭州最後一晚，我倆決定畫張像作個紀念。安伯選了一位河南老鄉的觍腆師傅，這位師傅說當初只是來杭州玩，結果一玩就是兩年。

安伯是欽差要犯？！

作畫過程中，總會有路人說：「哇！真像！」、「好美呀！」不知這些路人是不是被雇用的？因為作品完成後，我們心裡都在想：「這誰啊？」安伯被畫得酷像古人，若加個格格帽就會是格格，若加個「欽差要犯」4個大字，差不多就可以被展昭拿下了。至於費用部分，起初談的價格是50元，最後又說畫上貼保護膜要加錢，所以安伯總共付出100元。但由於河南師傅手藝有待加強，艾咪決定另尋高手。

1 糟糕！我不會微笑怎麼辦？！

2 不像我不給錢唷！ / 都是河南老鄉別這麼說嘛！

3 (謎之音)安伯眼睛沒這麼明亮吧……

4 湊湊熱鬧真好玩

5

6 像嗎？我比較正吧！

7 你別拍我，拍了可以避邪的

8 欽差要犯 / 咦？這是誰啊？我長這樣嗎？

花費時間：30分鐘
地點：南宋御街
費用：100元
結論：被河南老鄉坑了……

艾咪是凡爾賽玫瑰女孩兒！

晚上11點的街頭尋覓，終於看到有一位大姐被畫得頗像，上前詢問，大姐說：「可以談到30元。」原來，畫畫是可以殺價的呀！至於加膜費用，普通膜20元，高級膜30元。所以我的高級加膜素描總額是60元，安伯聽著聽著心都在淌血了。

這位師傅畫得很快，10分鐘出成品，但風格太夢幻、漫畫了點，不像真實的艾咪。最後還有一位路人大哥請求跟艾咪合照，並一邊與畫畫師傅討論艾咪的祖籍。原來輪廓較深的艾咪引起他們的好奇：是香港人？還是澳門人呢？今晚真是個美麗的夜晚，讓艾咪、安伯都發現了自己在他人眼中不一樣的長相。

花費時間：100分鐘
地點：南宋御街
費用：60元
結論：漫畫風格，把人畫得太美好了，師傅有顆少女心

已成回憶的畫軸

對於美化版的素描，一位杭州友人見解精闢：「把我美化幹嘛？關鍵是要像！若不像，把我畫成林青霞也沒用！」話是不錯，但也無須太計較，畢竟旅程紀念，好玩就好。不過，我們兩頭豬，離開旅舍時竟忘了把畫帶走，160元飛啦！所幸還有照片可追憶。

艾咪的素描走的是凡爾賽玫瑰風格，而安伯的則是走清宮格格路線。

西安

XI'AN

陝

盛產皇帝的世界之都

與羅馬、開羅、雅典並稱世界四大古都，
西安是絲綢之路的起點，中華民族的搖籃。
13朝代建都於此，為中國史上最多皇帝長眠之地，
而那兵馬俑的回憶，華清池畔的笑語，則宛如伴隨至今。

城市導覽
CITY GUIDE

西安
XI'AN

　　一到西安，一片灰濛濛籠罩在這13朝代古都之上，增添文化古城的歷史氛圍，我以為那是渺渺霧氣所致，怎料朋友卻說：「那是工業發展快速的結果。」

　　關於China這個詞彙，有人說是鄭和下西洋時，把瓷器運往歐洲，所以西方人以瓷器為中國命名；但也有人推測China應該是長安的縮寫，而長安，也是西安的舊名，意即長治久安。地下文物極為豐富的西安，一般人想像的名產可能是柿子、大紅棗或蘋果，但當地人卻會打趣地說：「應該是皇帝！」因為長眠在此的皇帝，號稱全世界數量最多。若是乘飛機而來，往窗外一看會看到很多小山丘，以地理來看，陝西省分為陝北、關中、陝南，而屬關中平原的西安為何有這麼多小山？其實那都不是山，全是陵墓。而陝西的皇帝陵主要就集中在咸陽塬（註：「塬」是中國西北部的黃土高原，因流水沖刷形成的高地，四邊陡峭，頂上平坦）。

位於西安市中心的鐘樓，為東、南、西、北4條大街交會處。

左）位於北城牆北側的西安站，旅客眾多。

右）熱鬧的大雁塔北廣場。

　　腳踏西安土地，彷彿穿越古今體會大唐盛世，遙望千世紀之前，不禁想像著城牆內的長安古都、方正的棋盤式街道、唐玄宗和楊貴妃華清池談情說愛、秦皇陵墓的兵馬俑守陵大軍。在西安，你可以腳踏歷史古城牆遠眺全城，也可以深入回民街大啖美食，更可以漫步小巷弄聆聽秦腔巨吼，或者欣賞一場仿唐樂舞感受幻象重生之美感。而有趣的是，曾經，西安差點成為現在的中國首都，在這一直盛傳一個說法：「建國時，西安以一票之差輸給了北京。」也許以此為話題與西安人打交道，會獲得頗熱烈的迴響吧！

　　而我眼中的西安，最珍貴的還是這座古城的歷史文化。人人都說，西安到處是寶藏，遍地是黃金。以前有個小學生放學途中撿到一塊白色石頭，沒想到那是漢代劉邦之妻呂稚的「皇后之璽」；而塵封已久的兵馬俑，也是農民抗旱打井時不經意遇見的「世界第八大奇蹟」。美麗的歷史、醉人的故事、驚人的發現，在在勾勒出西安古城的動人輪廓！

德福巷牌坊，走入後是燈紅酒綠的繽紛世界。

西安小導遊

電影工作者　魏靜宜

　　回民街「紅紅酸菜炒米」是我最推薦的食物；「德福巷」則是年輕人必去景點，古色古香的小街上有多家酒吧和Café，晚上還有Live演唱。

紅紅酸菜炒米。（圖片提供／魏靜宜）

大學畢業生　馮陽

　　對字畫有興趣可前往「書院門」，喜歡小吃就去「回民街」，想體驗西安夜生活就到「德福巷」；想當一日文藝青年就逛「大雁塔北廣場」。

INFORMATION
實用資訊

‖ 西安大眾交通工具的小知識 ‖

■ 火車站

　　「西安站」與「西安北站」為主要車站。西安站是老車站，處城牆北側，離市中心近，距離地鐵安遠門站約20分鐘步行距離；站前廣場還有許多直達景點的公交車，故遊客多半坐車到此站。而西安北站是新建的車站，主要停靠動車、高鐵等高速火車，不過離市中心較遠，須轉乘地鐵2號線或其他交通工具。

❤ 貼心提醒

火車站可直接搭車去兵馬俑

從西安站前往兵馬俑，可搭乘公車「遊5(306)」，但要特別注意的是，小心別搭上黑車。黑車就是山寨版的公車，等你上車後可能又多出一些奇怪的費用要你買單。而正規的遊5公車，上車後才付款買票，且只賣單程票(約7元)，不會給收據。

左）抵達西安站的一日清晨。
右）凌晨時刻西安站景象。

■ 出租車

　　西安出租車費用便宜，起步價6元，每公里跳表1.5元，外加1元燃油費，晚上11點至清晨6點屬夜間加乘，起步價7元。而根據道地西安人的可靠消息指出，下午4點到晚上8點是幾乎招不到車的，尤其下午4點～5點之間又是交班時間，除非和司機順路，否則可能會被拒載。所以可事先查詢公車路線或改乘地鐵。

交接班不接客！

出租車

■ 公交車

西安公車票價挺便宜的，空調車2元，無空調車1元。車內模樣與台灣相比其實沒有多大差別。值得注意的是，車內無鈴可按，到站時司機會大聲詢問：「下車不？」不過，有時不會每站都問，所以當你要下車前記得大喊：「我要下車！」如果不確定到了沒，那就站在司機旁邊並告知你的目的地，請司機提醒下車就行了。

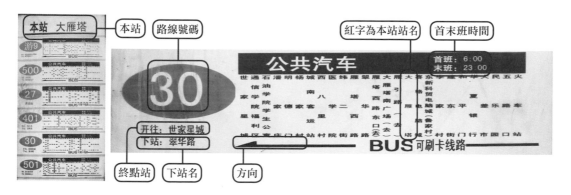

本站　路線號碼　　　　　　　　　　　紅字為本站站名　首末班時間

開往：世家星城　下站：翠華路

終點站　下站名　方向

■ 地鐵

西安地鐵為區間計價，6站內2元，7～10站3元，票價最高到5元。首末班車分別為早晨6點與晚間10點左右。比較特別的是，西安地鐵的標誌被稱為「城牆章」，而每一站也都有專屬的圖案徽章，一站一標，獨具特色。

左、中）地鐵票卡，具有各式西安特色景點圖。
右）西安地鐵標誌以「城牆」為設計概念。

有沒有人要下車啊？

女司機好美喔！

女司機與公車內部

候車月台

I站I標誌　鐘樓站 ZHONGLOU ZHAN

小寨站 XIAOZHAI ZHAN

西安地鐵車廂內，不如北京、上海擁擠。

‖ 好多人！出站、進站小訣竅 ‖

■ 出站

抵達西安車站的這刻，就該做好心理準備。因為出口處有許多司機、旅行社人員會鎖定精神渙散、眼神飄飄然的觀光客下手。許多朋友都告誡，這種在站外攔客的人是最不可靠的，因為你可能被騙、被繞路、被死纏爛打。

左）出站口的人潮，來來往往絡繹不絕。
中）位於市區的西安站，在北城牆附近。
右）車站廣場上，總是聚集一堆人。

艾咪安伯 旅行拍立得

 啪嚓！

眼神堅定，邁步走出站外小撇步

如何在西安站殺出重圍？切記，出站時眼神必須堅定略有狠勁，並假裝很有目標且自信，快速地衝向站外。果然，堅定且晶亮的旅人眼神讓我們完全沒招致半點攔截。遠離人潮擁擠的出站口後，隨即就看見正規的出租車排班區了！

出站時正確表情示範

 ✗ 太慌！
 ✗ 太累！
 ✗ 太憨！

 ✗ 太傻！
 ✗ 太醜！
 ✗ 太弱！

 ✗ 太呆！
 ✗ 太……？
 ✓ 自信堅定睿智

■ 進站

西安站出站人多，進站的人潮更誇張，因此建議提前1個半小時來排隊。不過若真的遲了也先別慌，快速前往「休閒候車室」（又稱「茶座」），可免去大排長龍並能快速通關。想當初，我們準備前往成都，結果太晚到車站，且排隊安檢的人又超級多，以致我們差點趕不上火車，幸好發現「休閒候車室」，5分鐘後我們飛速衝進車廂，就在此刻火車便開始緩緩移動了。天啊！三魂彷彿還在剛剛的人龍中排著隊！如果繼續排下去，估計還要半小時，必定錯過火車！如此驚心動魄的火車之旅真令人血脈賁張，差點涕淚零如雨！

「休閒候車室」為一處要收費的候車室，是一個更舒適的候車環境。室內寬敞，風格典雅，並設有精緻的座椅區，夏天還有冷氣，在此候車可避免擁擠。

茶座票券

‖ 適合旅遊的季節 ‖

西安市區，避開酷寒乾燥的冬季後，就屬4～10月的夏秋之際最佳。其中，西安的雨季集中在7、8月的夏大，且多暴雨，不過來得快、去得也快。而在炎熱的盛夏時，日曬強烈，建議做好防曬工作。春初則易有沙塵暴，不宜外出活動。

‖ 當心第三隻手 ‖

有位當地朋友曾警戒地說：「西安有賊都之稱。」一開始聽到這稱號的時候，對於西安治安有些擔心。但經過西安之行後，發現其實並沒有想像中的可怕。只是出門在外旅遊，凡事還是得多注意，在人多擁擠的地方一定要顧好自己的貴重物品，因為「包包放前面是自己的，放旁邊是公家的，放後面是別人的。」時時有警覺心，就不會遭遇偷拐搶騙的悲劇，所以只要有心，人人都能玩得盡興又平安。

把包包放前方，最安全

‖ 小心過馬路 ‖

西安交通頗亂，尤其是早上8、9點上班時間，以及傍晚5、6點下班時間是交通高峰期，這個時段建議盡量搭乘地鐵。因為在這裡，行人不是最大，快速行駛的車輛鮮少禮讓行人；反之，眼看行人在前方，還會暴衝以示嚇阻，相當驚險！另外，有些大馬路上雖然畫有斑馬線，但卻沒有設置紅綠燈。所以，西安的馬路果真如虎口，時時都須注意左右來車，小心地、眼明腳快地穿越！

Where is the TRAFFIC LIGHT?

唉呀！這咋ㄗㄚˇ過啊？
（怎麼）

西安城牆南門，沒有紅綠燈的斑馬線上，路人驚險穿越

‖ 不要點太多！西安小吃超有分量 ‖

西安以麵食為主，如：肉夾饃、涼皮、褲帶麵、羊肉泡饃。吃泡饃時要特別注意，一般正常分量會給兩個饃，但對女生來說可能會吃得很撐，所以建議只取一個饃，或一碗兩個人分著吃。另外，「褲帶麵」(Biang biang麵)分量也很多。一根麵約有1公尺長，像皮帶那樣寬，口感帶勁，是道地的陝西風味。最特別的是，當老闆問你要多少，是指「你要幾根？」不是問大小碗。因為這個麵不是按大小算，是按「根」算。一般來說，女生吃2根會飽，男生則是5根就差不多了。

後面就是冰峰汽水

掰饃中

這麼粗！我吃兩根就飽了

我上回就是點了2個饃，所以吃不下～！

西安小吃分量多

‖ 擁擠小店才是正宗古早味 ‖

　　西安消費不高，一般一碗麵7元，再加上一瓶當地特色「冰峰」汽水，總額不到10元就能吃飽。而回民街算是較平價且具特色的道地小吃街。所以想品嘗正宗老字號，一定要挑破破的小店，不建議去豪華大店，例如：德發長餃子館、老孫家泡饃店，這都是名聞遐邇但當地人評價卻普普的餐館。所以在一趟旅程總會發現，往往大店令人失望，小店給人驚喜。因此下回經過擁擠的老舊餐館時，不如順從你那有點阿婆又帶點俗氣的好奇心走進去，搞不好就讓你遇到在地的好味道。

白蔥菌水餃 $22

鮑魚蟹黃包 $56

德發長餃子館是西安知名餐館，我們慕名而來卻有些失望，味道不差但挺普通的，可能我爸包的餃子還更讚哩！

‖ 回民街飲食文化的基本認識與理解 ‖

　　回民街是西安特色小吃的聚集地，也是回民聚居區。回民不吃豬、血、死物，他們賣的牛肉、羊肉，注重衛生與潔淨，讓人吃得安心。另外，回民不飲酒，所以清真餐廳不賣酒，想買醉在此是買不到的。還有，想買狗頭棗、椒鹽核桃等各式乾貨，得先明白秤重原則。在大陸1斤是500克，但在台灣1斤是600克，所以在大陸秤出來的重量少一些是正常的，可別誤會是店家占你便宜。而在人潮密集的回民街，絕對要小心扒手，特別是女性同胞。

我們回民的食物乾淨衛生又好吃，大家都放心~安咖！

燒！

「無簷小白帽」又稱回回帽、禮拜帽，是回民基本配備

熱門的烤肉串攤

陝 玩樂情報 FUN TIME!!

電話：(029)87272792，87285239／**時間**：旺季：08:00～22:00；淡季：08:00～20:00(南門)／**價錢**：全票40元(學生半票)／**交通**：搭乘五龍專線、遊6、26、36、40、203、215、216、229、239、600、609、616、K605等路公車到南門站／**網址**：www.xacitywall.com／**注意事項**：城牆上有多處腳踏車租借站，單車40元、協力車80元，時數100分鐘，原站歸還；旺季為4/1～10/31。

01. 西安城牆

　　西安城牆為隋唐時期遺存，並於明太祖朱元璋在位之時歷經8年擴建修築，迄今已有600多年的歷史，是中國現存規模最大、保存相對完整的古城池建築，也是這次西安之旅中，我倆認為最有趣、最浪漫、最有感覺的西安景點了！

西安城牆，日景富有歷史古味，夜景則有時尚韻味。

肥水不落外人田

　　城牆是座矩形城池，全長13.74公里。為保存古城景觀完整，城內是不允許建高樓大廈的，所以一眼望去都是平的，而城牆以外就是參差的高樓，因此城內城外很好區分。在城牆上走著走著，隱約發現地面是外高內低地傾斜，一開始以為是幻覺或自己的小腦發育不全而導致平衡感不佳，但最後終於了解確有其事！原來是因為陝西易有乾旱，這樣一來雨水就會往城內流，意謂「肥水不落外人田」。

城內、城外，樓房高度大不同

艾咪安伯
旅行拍立得

📷 啪嚓！

只拍風景不拍人

　　從城牆往下看，一塊種有大樹的方形區域為「甕城」，城內種棵樹代表「困」。從南門一入馬上就會看到「甕城」，我倆身為興奮的觀光客，再加上正好碰到武士軍陣表演，不免俗就開始拿起相機大拍特拍，但馬上聽到一旁解說員提醒「只拍風景不拍人」，原因是在甕城內拍人物，形同「甕中捉鱉」。因此我們本著寧可信其有的心，趕緊將一些自己的照片刪除，儘管Pose擺得相當之好看。

甕城

你別在甕城拍
人家~行不?

甕城，意指「困」，有「甕中捉鱉」之意

城牆騎單車超愜意

　　面對迷人的城牆，除了散步以外，還可以選擇騎單車享受浪漫與愜意。聽說，繞城牆騎一圈需要1小時，若步行則會花3～4小時才能完成。真不知當年提議在城牆上騎單車的人是誰，但這真的是一個太棒的idea了！因為有好多旅客在顛簸的石磚路上，乘著風、咧著嘴笑，開心到爆炸。另外，如果是在11月的第一個週日到此，還可參加「西安城牆馬拉松賽」，這天除了西安市民以外，國際遊客也可報名參加，共襄盛舉。

我鐵頭功伸出去可
以先碰到終點線

看我的姿勢就知道
我是 **狼腳色**

得失心不用
這麼重吧…

阿豆仔也來
湊一腳

西安城牆大車拼

城牆騎單車

別錯過精采軍陣表演

如果夠幸運，還會遇到甕城的武士軍陣表演，可以大肆地揮霍你相機的記憶卡容量！在印有大型皇帝與臣子形象的城牆前看表演，感覺十分氣派。整段表演無論是服裝或道具都非常講究，表演人員個個身手了得，而且陣仗頗大還變換隊形。

艾咪安伯
旅行拍立得

唐裝Cosplay超有Feel

看完表演往城門口離開，還會看到駐守城門的士兵身穿鎧甲、臉塗銀粉，一動也不動地站著直視前方，彷彿是街頭行動藝術家，也像是現代憲兵那般沉穩淡定，但是……一遇到興奮觀光客情況可不這麼樂觀，因為安伯跟他合影的瘋狂Pose把駐守士兵的眼神都勾了過來，終於了解為何古代一個美人計可以讓城門打開，只是此時安伯使的是「霉人計」，在古代可能直接一腳被踢飛，所幸我們是身處現代且身為嬌貴的觀光客。

駐守的士兵一動也不動

軍樂表演

好一個波浪舞隊形

大哥是對的

你是說哪方面？

我只管好我的Pose！

武士軍陣表演

大臣與公公

大臣叔叔看起來慈眉善目，其實說話很…犀利！

一時口快啦…討厭！

　　而走出城門後，還有兩位大臣大叔在城門口那供人合影留念。我倆當然沒有錯過這大好時機。迅速拍完合影後，雙雙沉浸在看相機裡眾多照片的快樂氛圍中，豈料此時大臣大叔對我們大喊：「閃開！」原來是我們擋到其他觀光客的鏡頭了。但這一句大喊，讓我們身為嬌貴觀光客的心，徹底粉碎在地，即使大叔之後趕緊改口：「請讓…讓讓……」也無法彌補我們兩顆已然破碎的玻璃心！這難道就是所謂唐代魏徵那般直諫不隱的宰相作風嗎？領教了領教了！不過後來聽說左邊那位應該是宦官裝扮，不是什麼大臣，果然世界上的公公都如同李蓮英一樣狠啊！

02. 陝西歷史博物館

地址：西安市雁塔區小寨東路91號／電話：(029)885253806／時間：旺季：08:30～18:00(售票至16:30止)；淡季：09:00～17:30(售票至16:00止)／價錢：免費不免票，持身分證或有效證件，一人限領一張，每日發送當日參觀券共4,000張／交通：搭乘5、19、24、26、27、30、34、400、401、521、527、610、701、710等路公車到翠華(花)路站／網址：www.sxhm.com／注意事項：每週一休館；旺季為3/16～11/14。

被譽為「古都明珠，華夏寶庫」的陝博，展品以商周青銅器、歷代陶俑、漢唐金銀器最具特色，其中18件國寶最受矚目。由於排隊取票人數眾多，若想省時，可自費20元到特殊窗口購買特展票，可參觀的展廳也會從3個升級為4個。

博物館建築外觀。

細聽導覽，收穫滿滿

基本上，建議自備零食全天在此遊覽，因為館內食物超貴，且展品豐富、腦容量需求大，但若只是走馬看花當然不會有「頭痛」或「腦袋要炸」的問題，只是離開時有可能空虛、寂寞、覺得冷，因此，租導覽器或請講解員是極為建議的。導覽器租金30元，持免費票與持特展票者，講解費分別為100元與150元。

如癡如醉的觀賞遊客

必看經典展品

展品中，西漢「皇后之璽」竟是小學生放學途中撿到的國寶級文物。而可近距離面對面的真品「兵馬俑」也不容錯過，在這千人千面人俑中，男生們搞不好還會找到和自己長得相似的。其他展品，則特別推薦鎮館之寶「獸首瑪瑙杯」，國寶文物「三彩載樂駝俑」、「耀州窯青釉提梁倒注壺」，以及「金怪獸」、「天王俑」、「赤金走龍」、「獬豸」等，這些都是造型出色的稀世珍寶。

兵馬俑

左）皇后之璽。

右）18件國寶唯一三彩器物的「三彩載樂駝俑」載著7位載歌載舞的男女，誇張手法重現漫漫絲綢路上，排解無聊、自娛娛人的生活。

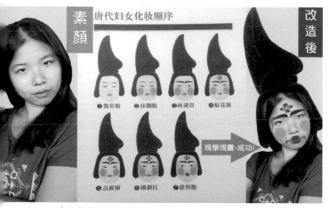

唐女我最大：依循唐女化妝步驟，大改造。

唐女妝扮，連皇帝都受不了

另外，總是胖嘟嘟、笑瞇瞇，幸福指數極高的唐三彩女陶俑更是經典，不僅展現隋唐服飾藝術，更可知女子地位高，男裝、胡服、低胸透視裝，樣樣來者不拒，打扮另類、低薄露透是王道，聽說連皇帝唐高宗都受不了，下令要唐女檢點收斂，但似乎貴婦們依舊不改裝扮，維持招牌形象，極具個性與自信。

唐女各式裝扮

03. 大慈恩寺(大雁塔)

慈恩寺外的唐僧像。

地址：西安市雁塔區雁塔西路東口，雁塔南路北口（大雁塔南廣場北側）／電話：(029)85519932／時間：08:00～17:00／價錢：全票50元(學生、老人票30元)／交通：搭乘5、19、21、22、24、23、27、30、34、41、遊6、遊9、遊8(610)、307、400、401、500、501、521、527、701、920、619等路公車到大雁塔站／注意事項：入大雁塔須另外購票，旺季30元，淡季20元，學生半票；旺季為3/1～11/30。

　　大慈恩寺是唐代長安城內最著名的佛寺，由皇室建造，第一任住持方丈即是「三藏法師」。而大雁塔位於大慈恩寺內，是西安的標誌性景點。由於年代久遠與自身結構的問題，再加上超抽地下水，大雁塔傾斜已逾百年。

中國元老級背包客——玄奘法師

　　談到這位世稱唐三藏的玄奘法師，就不得不承認他是中國歷史上元老級的背包客。當年27歲的他自費遊學印度10餘年，所以他不只是僧人、譯者，更是旅行家。也因為唐三藏的傳奇故事實在太經典，屢被出版為文學、電影、電視劇，因此身為瘋狂影迷的我們，與法師的自拍絕對是要符合劇情，而非呆若木雞地比個Ya。

背包客一家親

與唐僧的創意自拍

結石？舍利？傻傻分不清楚

　　而當年，玄奘法師除了帶回經書，也帶回了許多舍利。但如今舍利行蹤已成千古之謎。不過現在大雁塔裡也擺放著印度高僧所贈的佛舍利，而慈恩寺的大遍覺堂也供奉著玄奘法師的頂骨舍利，供後人瞻仰。但此時，不懂事的我們竟大喇喇地閒聊：「舍利子是不是結石的一種啊？」惹得一旁的解說員馬上增大分貝，如獅子吼般糾正：「舍利子是得道高僧圓寂後，火化生成的晶瑩硬物，是道行高深的表現！」這下的當頭棒喝讓我們頭蓋骨大開，瞬間醍醐灌頂了！

大遍覺堂內，存放玄奘頂骨舍利。

七級浮屠的大雁塔

　　何謂「浮屠」？知識淺薄的我們一開始還真不明白，但參觀完大雁塔後我們懂了，原來「浮屠」指的就是「塔」，是從印度音譯而來。所以「救人一命，勝造七級浮屠」的意思就是救人的功德，比建寶塔禮佛還偉大。

有7層高的大雁塔。

💗 貼心提醒

亞洲最大音樂噴泉在這裡

在慈恩寺北側的大雁塔北廣場，每天演出號稱全亞洲最大的音樂噴泉，而夜晚更是觀賞音樂水舞的最佳時刻，此時發亮的大雁塔與炫麗水舞相得益彰，除了一般遊客，在地人也會來此散步、約會，這裡儼然成為西安市民最新的休閒場所。

演出時間：

週一到週五：12:00、20:30(夏季21:00)

週二檢修：12:00停演

週六、日：12:00、14:00、16:00、18:00、20:30(夏季21:00)

亞洲最大音樂噴泉。

地址：西安市曲江新區芙蓉西路99號／電話：(029)85511888／時間：夏季：09:00～22:00(售票至21:00止)；冬季：09:00～21:00(售票至20:00止)／價錢：旺季全票120元／淡季全票90元(學生9折)／交通：搭乘21、22、23、24、212、237、609、619、715、720等路公車到大唐芙蓉園(西門)／網址：www.tangparadise.cn／注意事項：旺季為3/1～11/30；夏季為5/1～9/30；《夢回大唐》套票：150～160元(含門票)，演出時間：17:15～18:25。

04. 大唐芙蓉園

　　全區以唐文化為主題，雖為仿唐建築而非真實遺址，但儼然就是一座「唐代的迪士尼樂園」。園區規模宏大，有紫雲樓、陸羽茶館、仕女館、鳳鳴九天劇院等等。

仿唐樂舞《夢回大唐》，述説唐玄宗與楊玉環的故事。舞台華麗、氣勢滂沱，值得一看。

左）氣派的大唐芙蓉園入口還有一大灘水池供遊客玩耍。
中）紫雲樓上，可參觀展品，夜晚時刻亦可在看台區欣賞水幕電影。
右）園區占地面積大，俯瞰下的風景極佳。

陸羽茶館的悠閒

其中，安伯特別推薦的是「陸羽茶館」，建築格局寬敞清幽，湖水、渠道、茶室、木質地板，在此沒有過多資訊，只有流水聲的寧靜，是可完全放空的地方。躺臥在木椅上，閉目養神讓涼風輕輕吹拂，對於時常趕路的旅人來說，一點點的恬靜與沉默也是必須的吧！

陸羽茶館內，氣氛愜意舒適，寂靜無聲，只有潺潺流水，夏日午後適合來此小憩半刻。

唐樂舞超正點，夜生活更燦爛

此外，園區內還有許多表演節目，如仿唐歌舞《夢回大唐》即在鳳鳴九天劇院上演；晚上8點半還可到紫雲樓免費欣賞全球最大水幕電影《齊天大聖》，建議提早到現場先搶個好位置。故若旅程時間充裕，可帶點零食進場，花個半天在此遊覽兼野餐。遊覽完畢後，還可順道去「大唐不夜城」或「大唐通易坊」上的酒吧一條街，好好感受一下西安的夜生活。

1）皇上與貴妃人型立牌。

2）園區內的裝置藝術，製造眾貴妃在皇宮內嬉戲、奏樂、跳舞的氛圍。

3）黃昏時刻，園區內湖水反映夕陽，充滿浪漫幸福。

4）兒童遊樂區內，有多項結合中國文化的遊戲設備，讓小朋友興奮不已。

05. 秦始皇兵馬俑博物館

地址：西安市臨潼區臨藍路、秦陵北路交處／**電話**：(029)81399127，81399174，81399170／**時間**：旺季：08:30～17:30；淡季：08:30～16:30；全年無休／**價錢**：旺季全票150元；淡季全票120元(學生半票)／**交通**：自西安站(東廣場)搭乘遊5(306)、914、915等路公車到兵馬俑／**網址**：www.bmy.com.cn／**注意事項**：旺季為3/16～11/15；冒牌的「遊5(306)」黑車很多，正規的「遊5」是上車後再買票，且只賣單程票，車程約1小時，終點站即兵馬俑博物館。

　　兵馬俑位於秦皇陵之東，推測是因為戰國時期其他六國(齊楚燕韓趙魏)皆處秦國東方，所以才將守陵大隊部署在陵墓東側。而「秦始皇兵馬俑博物館」是一座建立在俑坑原址的遺址性博物館，與「秦始皇驪山園」合稱「秦始皇帝陵博物館」，並實行一票制，遊客可乘免費搭接駁車往返。

兵馬俑陣。

沒聽講解等於活人看泥人

　　1974年由西楊村農民打井時意外發現的兵馬俑，被譽為「世界第八大奇蹟」，而當年的發現者楊老先生更成為榮譽館長，於館內提供簽書服務。由於兵馬俑是三分看、七分聽，聽懂等於看懂，否則就是活人看泥人。所以，付費的電子導覽或講解員解說是必要的，或者也可「蹭導」，看到哪裡有導遊在介紹，就湊上去旁聽。不過兵馬俑雖壯觀，講解員小高仍提醒那終究是陪葬品，多欣賞少拍照，尤其是女生盡量不要合影，因為陰陰相剋。若真想拍，也建議與男性友人一同入鏡。

兵馬俑的發現人之一楊繼德先生幫遊客簽書。

觀賞兵馬俑的遊客眾多，有聽解說才有意義

參觀路線有訣竅！

唯有初步了解，再進一步欣賞兵馬俑才會更有Feel。所以建議以文物陳列廳與環幕影院為起點，而後才是一、二、三號坑和紀念品區。文物陳列廳內展示的銅馬車為國寶級鎮館之寶，號稱「青銅之冠」；一號坑裡的兵馬俑數量最豐，也是參觀重點所在；至於二號坑內，看不到一個兵馬俑，因為國家規定暫不開挖，所以裡頭只有掘井與盜洞的痕跡；而三號坑是最小也是最少兵馬俑的坑，僅68件，為統領所在的指揮部。基本上，若此時你腦袋一片空白、亂無頭緒、不知拍照的重點何在，　號坑門口是最佳背景選擇，因為許多國家領導米參觀後，都會在一號坑門口留影紀念，快門一按就是拜訪過兵馬俑的最佳鐵證！解說員提醒，一般參觀陵墓，進來跟出去的門不能一樣，若同門進出的話，代表進來後沒有出去過，那就真如同司馬中原所說的：「恐怖喔！恐怖到了極點喔！」

一號坑 滿坑滿谷

二號坑 空空如也

三號坑 指揮中心

鎮館之寶在此，門票上就是我

青銅之冠的銅馬車，又稱國之瑰寶、青銅之首

兵馬俑要這樣看！

兵馬俑千人千面，全由真人為模特兒，沒有一具相同，男生們仔細找，或許會看到跟自己相似的。陶土燒製的俑本有顏色，但因保護技術不佳，色彩因氧化而剝落，故現已不再開挖。而顏色脫落後，則可發現俑的眼睛皆為單眼皮、丹鳳眼。之所以如此，有一說法認為單眼皮就是秦代的審美標準。解說員說：「在西安，10個男人中，有8個是單眼皮，那2個雙眼皮就是外地人。因為在這，眼睛小、單眼皮，才不怕進風沙。」此外，鬍鬚也是必備，因為那是美男子的象徵，否則就不算男人；另外，兵馬俑以精兵強將為範本製作，平均身高180公分；而俑的鞋尖處很平，像是沒穿鞋，這是士兵之代表，若鞋尖上翹，即是官吏；再來看到兵馬俑的髮絲，絲絲可見、絲絲入扣。之所以這麼精細，是因為每具俑的腳下都刻有監工、製作、燒製、上色等人之名，若哪個環節出錯，負責人就活不成。

180 CM

髮絲絲絲可見

鞋尖平 士兵象徵

鬍鬚 + 單眼皮 = 美男子象徵

♥ 貼心提醒

除了國家元首，一般遊客無法下坑

曾有兩部電影在此實地拍攝，分別為張藝謀與鞏俐主演的《古今大戰秦俑情》以及成龍與金喜善主演的《神話》。除非是國家元首，基本上遊客都無法下坑，但凡事都有例外。曾有德國留學生為展現行動藝術而變裝成兵馬俑，跨越欄杆，跑至俑陣中與成千秦俑為伍靜止了3小時。之後工作人員費了一大把勁才將原本默默不語、很入戲的留學生馬林抬出俑坑。因此，即使非常欣賞兵馬俑，還是得按照參觀的規矩才行。

肖查某

與兵馬俑為伍太爽了！

肖想下坑與兵馬俑為伍

修復區

看我就知道，兵馬俑是空心的～

10

沙包防踩

不是排隊等吃飯喔...是等修復，我的頭呢？

拿到白色號碼牌了！我要去前面見客人囉！

一號坑後方區域是修復區，防護機制周全以保護地下文物；掛有白色號碼牌的兵馬俑，代表已修護完畢可供展出。

06. 華清池

地址：西安市臨潼區華清路38號／**電話**：(029)83818888，83812003／**時間**：旺季：07:00～18:00；淡季：07:30～18:30／**價錢**：旺季全票110元；淡季全票80元(學生60元)／**交通**：自西安站(東廣場)搭乘遊5(306)、914、915等路公車到華清池／**網址**：www.hqc.cn／**注意事項**：旺季為3/1～11/30；《長恨歌》票價：218、228、268、298、588、888、988元，演出時間：4～10月每晚20:30。

來到這，廢話不多說先翻出白居易《長恨歌》好好複習一番：「春寒賜浴華清池，溫泉水滑洗凝脂。」不過你知道嗎？根本沒有「華清池」這座池，正式來說應該稱「華清宮」才對，那是當年白居易為了押韻才這麼寫的。

華清池大門。

除了洗身軀，還能許願？

御湯遺址博物館裡頭有：酷似游泳池的太宗「星辰湯」、玄宗的「蓮花湯」、楊貴妃的「海棠湯」，以及「太子湯」與官員使用的「尚食湯」等5座湯池。周、秦、漢、隋唐歷任帝王都曾在此沐浴，故此處號稱「天下第一溫泉」，來訪遊客都搶著洗。現在，湯池還有許願池的功能，聽說若已有認定的終生伴侶，投幣下去兩人必會廝守終生，但此時卻有導遊提醒：「該出手的時候出手，不該出手的千萬別出手。」而實景舞台劇《長恨歌》於旺季演出，水中升降舞台上搬演這對亂倫名人與老少配的愛情經典傳奇，重現七夕長生殿前「在天願作比翼鳥，在地願為連理枝」的動人誓言。

上）唐玄宗的蓮花湯。

下）楊貴妃的海棠湯，又稱芙蓉湯，俗稱貴妃池，中央為進水口。

大家都在搶洗溫泉水

西安事變第一聲槍響在此！

而震驚中外的「西安事變」也發生在此，那第一聲槍響讓台灣人熟悉的蔣中正倉皇逃出行館，並藏身於驪山兵諫亭處。華清池內一道歷史故事牆企圖說明真相始末，但真正的事實究竟是什麼呢？「張學良，偉大的愛國者，中華民族千古功臣，是西安事變的發動者，卻因此被囚禁長達半個多世紀，在幽禁生涯中，張學良將軍依然心繫祖國和平統一，被世人深深的敬仰。」看到這段文字，對於台灣遊客可能會造成一些思想衝擊，原來一直認定的千古罪人在彼岸卻是千古功臣啊！

張學良將軍照片。

左）西安事變故事牆與相關人物介紹，台灣遊客閱讀時更有感觸。
中）蔣介石沐浴處，建於清代，光緒、慈禧西逃至此也曾於此沐浴，仿唐代貴妃池形製。
右）西安事變槍戰彈孔。

SHOPPING

購物血拼

SHOPPING GUIDE 1

書院門

地址：西安城牆南門內路東／**交通：**搭乘五龍專線、遊6、26、36、40、203、215、216、229、239、600、609、616、K605等路公車到南門站，步行5～10分鐘即到／**注意事項：**街上來往的車子頗多，且多為無聲的電動車，不易察覺，行走時須小心。

「書院門」之名源自於街內的「關中書院」，也因此，書院門的文化氣息非常濃厚，走沒幾步路就能看到大筆揮毫的身影，儼然成為西安書畫薈萃之地。

左）書院門牌坊。
右）書法攤的大師揮毫中。

買紀念品的好地方

這裡有點像白天版的台灣夜市，兩旁店家並排林立著，街道中間還有一整排的攤販，不過在這主要賣的是文房四寶、書法字畫、串珠首飾、精緻剪紙、傳統古玩、陝西特產藍田玉、古老樂器「塤」等，雖然有些紀念品在別的地方也看得到，但漫步在這條藝術長街上，人們可被濃濃墨香所包覆，耳邊還伴隨著陣陣餘音繞梁的樂器演奏，因此，走在書院門這個「雅集」不知不覺人都氣質了起來(撥髮)。

書院門處處看得到兵馬俑

艾咪安伯
旅行拍立得

啪嚓！

有緣人同遊書院門

　　書院門是我們在西安的第一個景點，當時我們約了所有在此認識的新朋友，一位是從小在西安念書的台灣女孩靜文，一位是道地的西安男生張熙，另一位則是同為旅人的廣西壯族女驢友小差。所謂「四海一家皆兄弟」、「有緣千里來相會」，總覺得周圍的人事物，是不會莫名其妙地被安排在生命裡的，今日的過客，有一天也許會成為生命裡非常重要的人，這般得來不易的緣分應當要好好珍惜。

左）小差。
中）靜文。
右）張熙。

大哥這樂器
叫作啥？

塤 ㄒㄩㄣˊ

書院門書香重，音樂也豐富

♥ 貼心提醒
殺價小訣竅

在書院門購物可適度地殺價，但討價還價時捲舌音可加重些，但切記要自然，不然還是會被當成呆胞觀光客！詢問價錢時，可以學學在地口吻說：「咋（ㄗㄚˇ）賣啊？」也許老闆覺得親切，就給你個親切的價錢。

討價還價中。

Delicious Dishes.

回民街

名產 羊肉泡饃、賈三灌湯包、褲帶麵、臘牛羊肉、肉夾饃、紅紅酸菜炒米、黃桂柿子餅、綠豆糕、狗頭棗、椒鹽核桃；皮影、剪紙、民族藝品、藝術畫作。價格不一，可議價。

地址：西安市蓮湖區北院門(鼓樓北側一帶)／**交通**：搭乘4、7、15、32、43、45等路公車到鼓樓站；或乘地鐵2號線到鐘樓站，步行約3分鐘／**注意事項**：街上來往的車子頗多，且多為無聲的電動車，不易察覺，行走時須小心。

　　回民街以北院門、西羊市、化覺巷所組成，建築仿明清風格。街道兩旁有上百家攤位，宛若台灣夜市，往來的人潮從中午到深夜時分都絡繹不絕，傍晚更是人山人海，擠到爆炸！

回民街小吃 點評

老米家羊肉泡饃 👍👍👍👍👍
西安必吃美食。滋味鮮甜，分量頗多。

賈三灌湯包 👍👍👍👍
知名老字號，小吃種類多，灌湯包超多汁。

褲帶麵 👍👍👍
有家常麵的感覺，易有飽足感。

軍軍綠豆糕 👍👍👍
頗清爽的甜點，甜而不膩，適合搭配熱茶。

黃桂柿子餅 👍👍
頗油膩的柿子餅，中間包有砂糖，很甜。

烤麵筋 👍👍
口感是涼涼QQ的；調味粉放太多會很辣。

蓮蓬 👍
雖可降火，但超苦澀，吃一粒口腔就超乾。

(由上而下) 軍軍綠豆糕、黃桂柿子餅、烤麵筋、蓮蓬。

左）化覺巷牌樓。
右）化覺巷內的另類藝術家所販售的創意畫作。

　　在多元文化氛圍下，這裡維持特定的宗教傳統與生活習慣，而化覺巷內尚有歷史悠遠的「大清真寺」與各式手工藝品、另類創意畫作，極具特色。

左）回民街上，氣氛有如台灣夜市。
中）回民街內回族婦女的一般穿著。
右）化覺巷內，有各式紀念品與工藝品可供淘寶。

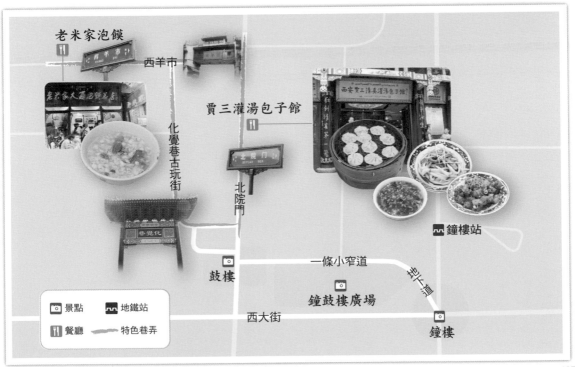

老米家泡饃

西羊市

賈三灌湯包子館

化覺巷古玩街

北院門

鐘樓站

鼓樓

一條小窄道

地下道

鐘鼓樓廣場

西大街

鐘樓

景點　　地鐵站
餐廳　　特色巷弄

老米家大雨泡饃總店

地址：西安市蓮湖區北院門西羊市街中段127號／**價錢**：普通泡饃15元1碗；優質泡饃28元1碗／**交通**：同「回民街」的交通方式，此店就在回民街區域裡／**注意事項**：優質泡饃與普通泡饃的差異在，前者肉塊較多。

羊肉泡饃是西安一大特產，到處都吃得到。據說，早期是為了拉長農夫工時，將未發酵的死麵餅攪和著湯加點肉，讓農人早上吃完，下午還有飽足感。不過由於分量頗多，建議兩個女生合吃一碗就夠了，因為不好消化的餅還可能導致胃痛、胃脹、胃悶。另外，死麵餅不能生吃，需剝成極小片烹煮才能熟透，一般可選機器切餅或自己手工，而手工剝餅較入味也較有趣。但想體驗手工剝餅的羊肉泡饃應避開飢餓時段，因為那會花半小時左右，手也會超疼，加上一段烹煮時間，你會餓很久，一直靠……靠著牆壁喊：「好餓喔！」

但哪家才是最道地的古早味呢？當地友人最推薦的就是「老米家」。記住！是白米的「米」，創建人名字超酷叫作「米大雨」。而在西羊市中段，那有兩間「老米家」，面對這兩家，右手邊人特多的擁擠小店就是最最正宗的老店啦！熱騰騰的一碗泡饃端上桌，湯鮮肉香，非常過癮。

羊肉泡饃 跟著我這樣吃

1 點餐

价目表
优质泡馍	每碗28元 |（肉較多）
普通泡馍	每碗15元 |（一般點這個）
饦饦馍	每个5角
糖蒜	1元 |（可去羊騷）
鸡蛋粉丝汤	每碗10元
鸡蛋汤	每碗5元
凉菜	大盘10元
	小盘5元
鸡蛋	每个1元

2 結帳

餅要機器切好的嗎？

餅我要自己剝

3 取餅・剝餅

4 等待…

很餓耶…是好了沒？

要剝到像指甲這麼小才行呀！

5 送廚房後取號碼牌

29

6 取餐　服務員唱號時，以牌取餐

7 搭配

配糖蒜吃可除羊騷味

西安古早味冰峰汽水

8 包裝的羊肉泡饃超市也有賣泡麵

賈三清真灌湯包子館

地址：西安蓮湖區北院門93號／電話：(029)87257507／時間：08:00～22:00／價錢：灌湯包16元1籠／交通：同「回民街」的交通方式，此店就在回民街區域裡／注意事項：特別推薦羊肉灌湯包、八寶甜粥。

賈三灌湯包子館興盛於1903年，是中華老字號、名小吃。店內小吃繁多，價格又公道，灌湯包、麻醬涼皮、炒涼粉、八寶甜稀飯、羊肉串、山楂烏梅湯都是必嘗的招牌。其中，皮薄餡多汁更多的灌湯包，從夾開始就有技巧，須以湯匙輔助，而後先咬包子一小口吸取湯汁，接著才是大快朵頤，如此一來可避免噴汁或漏汁導致精華浪費。而在西安小吃中，涼皮與涼粉是必備的，既爽口、熱量又低，難怪西安女孩都那麼瘦，遊客到此一遊一定要試一試。尤其是喜歡吃辣的人，一定會超愛炒涼粉。不過說到涼皮，遍布西安的連鎖中式快餐「魏家涼皮」口碑也相當不錯，當地人也非常推薦。

上）賈三包子館外觀。
下）包廂內一桌豐盛的料理。

皮薄汁多
小心夾

oops~

看我的

分量頗重的灌湯包，夾取時需要技巧

招牌菜色
價位一覽

牛肉灌湯包
16元/籠

麻醬涼皮
6元/份

八寶甜稀飯
6元/碗

炒涼粉
6元/份

山楂烏梅湯
3元/杯

羊肉串
3元/串

LET'S CHECK IN!

七賢國際青年旅舍

地址：西安市北新街七賢莊(八路軍辦事處舊址，西七路與北新街交界處)／**電話**：(029)87444087，62296977／**價錢**：多人間床位50元(公共衛浴)；雙人間180元；持YH卡可享5～10元會員折扣／**交通**：自西安站搭出租車3分鐘可達；自西安站步行約10分鐘可達／**網址**：www.hostelxian.cn／**郵箱**：gaoming55514@yahoo.com.cn。

　　七賢名列世界十大最具特色的國際青年旅舍，由古蹟改建坐落於傳統四合院中，是歷史悠久的建築，可追溯於唐代。亦為八路軍辦事處接待站舊址，隔壁還是連戰母校「後宰門小學」，正是經典朗誦《爺爺，您回來了》的演出所在。

上）旅舍大門處，紅燈籠、石獅子、木質門、磚頭牆，營造濃濃中國歷史風味。

下）七賢旅舍招牌特色——9道拱門隔出10個院子，早晨、傍晚、深夜呈現不同風采。

日式風格的雙人間房。透明廁所門令人有點害羞。

1	2	3
		4

1）酒吧交誼廳外的庭院休閒空間。

2）餐廳提供的中式餐點。

3、4）酒吧交誼廳內部的華麗布置頗有歐
式風格。

旅舍負責人高明是位很酷的女士，退休後除了時常自助遊，還經營青旅。而七賢也居中國國際青年旅舍西北區之首，品質有保證，服務相當親切。環境清幽廣闊，由一道道拱門間隔共有十號院，白牆青瓦、木質家具、綠化空間、大量的兵馬俑擺置、中西氛圍的酒吧交誼廳以及可愛慵懶的小貓，在在提供舒適自在的恢意享受。更值得一提的是，酒吧提供中西式餐點，菜色豐富，擺盤精緻，讓人不禁忍住飢餓，美食當前仍瘋狂地取角大拍特拍，讓一旁正在打撞球的阿豆仔看得傻眼。

旅舍留言板上常有許多徵求旅伴的紙條。

旅舍寵物小貓慵懶睡姿

書院國際青年旅舍

地址：西安市南門里順城南路西段2號／電話：
(029)87280092，87287721／價錢：多人間床位30～
50元(公共衛浴)；雙人標準間160元；持YH卡可享
5～10元會員折扣／交通：自西安站搭乘603、608
路公車於南門站下車往南城牆內圍走，步行約5分
鐘可達／網址：www.hostelxian.com/CN／郵箱：
shuyuanhostel@hotmail.com。

書院旅舍與漢唐居精品酒店、漢唐驛青年
旅舍為姊妹店，即使位於市中心，仍然閑靜溫
馨，具濃厚的中國古色風韻。所處地段極佳，
一出門就是南城牆，走沒幾步路即可達城牆入
口。步行至書院門、鐘鼓樓、回民街、德福巷
酒吧街也只需花10～15分鐘不等。

書院旅舍門口古色古香，相當氣派。

洗衣1公斤10元

還好吧～
那叫女人香

衣服咋這麼多？
還有汗臭味！

與清潔阿姨清算洗衣件數，洗衣服務1公斤要價10元。

巧遇隨意躺睡的小白貓，瞧它慵
懶自在。

旅舍櫃檯提供免費地圖與旅遊諮詢。

　　旅舍是三層的獨立建築，內有兩個院子，院內陳設若干木質桌椅，院子上方藤蔓遮蔽，午後微風使光影搖曳生姿令人慵懶；迎賓大廳也是交誼廳，多部DVD任君挑選播放，免費Wifi促使各國青年集聚；餐廳提供免費歡迎咖啡，給奔波至此的旅人滿滿溫暖；地下酒吧每晚熱鬧開趴，想早睡都沒辦法。每週五旅舍還會舉辦免費的餃子宴，瞧阿豆仔們包餃子笑呵呵，估計是包成肉包了。

1	2
3	

1）旅舍中無論是走廊或庭院，各式空間都給人自然恬適之感。
2）我們入住的2樓雙人標間，中國味濃厚。
3）旅舍走廊上，可見許多旅遊資訊與各地青旅的小卡。

一到達房間，行李雜放的安伯與艾咪

地下酒吧的入口

陝西八大怪

由於氣候、文化等因素之影響，陝西人在食衣住行方面，擁有一種獨特的生活方式，因此而成為著名的「陝西八大怪」。透過了解「八大怪」，當地特色其實就可略窺一二了。艾咪則是意猶未盡，還買了陝西八大怪紀念版明信片呢！

唱戲吼起來
碗盆不分開
帕帕頭上戴
麵條像褲帶
辣子一道菜
鍋盔像鍋蓋
房子半邊蓋
板凳不坐蹲起來

陝西八大怪
The Eight Characteristic Folkways of Shaanxi

第一怪　麵條像褲帶

Biang biang麵寬如褲帶，非常耐飢，而Biang字則相當複雜，有個書寫口訣：「一點飛上天，黃河兩道彎，八字大張口，言字往裡走，你一扭、我一扭，你一長、我一長，中間夾個馬大王，心字底、月字旁，留個鉤擔掛麻糖，坐個車車逛咸陽。」用當地方言念會更有韻味，等紅綠燈時你可以請一旁的西安當地人幫你念一下。

褲帶麵2根就飽了

麵條像褲帶。

第二怪　鍋盔像鍋蓋

我是鍋盔

鍋盔像鍋蓋。

鍋盔的歷史久遠，可追溯到唐代。據說當時修建乾陵的士兵沒時間吃飯，就把麵糰放在頭盔裡，放到火中燒，最後發現燒好的餅酥脆可口，故稱之為「鍋盔」。

第三怪　辣子一道菜

陝西人愛吃辣椒，這道菜為「油潑辣子」，就是將乾的紅辣椒磨成粉後，用油去潑熟。所以在陝西「無辣不成席」，吃飯時桌上經常會放一碗油潑辣子。

第四怪　碗盆不分開

很多南方人看到西安的「青花大老碗」就驚呼：「哇賽！怎麼是個盆啊？」但其實那是吃飯用的碗。古代陝西農民多，幹苦力的農民食量大，出門幹活時，用大碗裝就不怕吃不飽還得回家一趟，也算是一種「大便當」。

碗盆不分開。

第五怪　帕帕頭上戴

在反映陝西農村生活的電影裡，常可看到老漢或老婦頭頂都戴著一塊手帕，可防風防塵。而對在地裡幹活的農民來說，手帕一攤開還可裝些東西回家，相當方便。

第六怪　房子半邊蓋

一般房頂不是「人字形」就是平的，但在陝西隨處可見「半邊蓋」的房子。據說陝西常乾旱，房子半邊蓋可讓雨水順勢流進自家田裡，意謂「肥水不落外人田」。

房子半邊蓋。

第七怪　板凳不坐蹲起來

陝西人吃飯時經常不坐板凳，而是聚蹲在一起邊吃邊聊，這即是「老碗會」、知名「蹲景」。中醫養生之道籲人半飽，所以蹲著吃飽，站起剛好，還有利於減肥。

板凳不坐蹲起來。

第八怪　唱戲吼起來

這個戲指的是「秦腔」，特點在：舞台要穩，以免被震垮；演員身體要好，以免累壞；觀眾膽子要大，以免被嚇壞。雖然誇張但足以說明秦腔的過癮與高昂激越。

西安喜宴初體驗

負責拿煙、酒、糖、茶的男方親友。

最特別的西安經歷就是參加這場台灣男與西安女的大喜日。同為台灣人的我倆，很榮幸可以掛名男方親屬出席婚宴，幸運地從頭到尾體驗西安傳統婚禮流程。其實與台灣婚禮並無太大差別，震耳的鞭炮聲、浩蕩的迎娶車隊、負責拿煙、酒、糖、茶的男方親友、愛看熱鬧的鄰居、盡責的婚攝、床上擺滿盼望「早生貴子」的紅棗、花生、桂圓、蓮子。不過婚宴桌上擺放的絕不可能是台啤，而是中國四大名酒之一的陝西西鳳酒。但說到西安最獨具特色的婚禮習俗就非「擠門」與「找鞋」莫屬了。即使新郎團拼命撞門，但新娘團只要把門給鎖好，不費吃奶力氣足以抵抗，但往往最後還是會放水開門啦，不然男方怎麼把迎娶流程跑完呢？但據說，門被撞爛的事件在西安婚禮中也是經常發生。緊接著還有艱鉅的找鞋任務，真是累翻新郎了。希望藉此讓新郎能夠珍惜這得來不易的妻子。

♥ **直擊西安 妙 習俗：撞門撞人迎新娘！**

左）中國四大名酒西鳳酒。
右）婚宴後送完賓客，新人開心玩耍。

不過我們究竟是如何認識這對新人呢？西安婚禮可不是天天有，就算碰到了也未必能參一腳。其實，女方是西安友人的堂姊，當我們得知有婚禮，立馬改變行程厚著臉皮說要參加。記得初次看到新人婚照時不禁讚嘆：男的帥、女的美！以前認為這種組合多半只是model婚紗寫真，但影中人若只是相貌一般的凡夫俗女就會判斷是真愛吧……，沒想到這天就遇到童話般的組合！

會如此震驚是因為曾有西安導遊說：「西安路上的美女，50％是外地的；若遇到悍女，80％是西安的。」西安是母系社會，女性是家中王道，西安老婆可能會暴力相向；有西安姊姊則會當終極保鑣打走惡霸同學，但同樣會回頭揍你並質問：「咋打輸了？」西安導遊幽幽地說出：「彪悍的人生，不需要任何解釋。還是台灣姑娘好。」但台灣男旅客卻也幽幽回覆：「那只是表象。」不過，由於日後又陸續結識一些西安女孩，才發現他們也是很溫柔、漂亮的，要說他們「彪悍」，倒不如說是「有想法」。

Happy Wedding

辛苦了女婿，我也是過來人

你說什麼？

穿鞋

互餵

吃蛋

6

7

奉茶拿紅包

好女婿

謝謝媽

8

Hold住

一系列新娘抱

我家4樓加油！

幾樓？

呼～

9

成都

Chengdu

在天府之國慢活人生

遍植芙蓉的城裡，擁有蜀漢的回憶；
品味生活的閒適，樂沽在天府之國。

這裡很美，美食、美景、美女，美不勝收；
這裡很慢，慢活、漫遊、漫無目的，放空是種享受。

圖片提供／蔡亞倫

成都

Chengdu

四川，古稱「巴蜀」，而成都是四川省省會，氣候宜人、物產豐饒，自古被譽為「天府之國」。又因五代後蜀皇帝偏愛而遍植芙蓉花，故成都也別稱為「蓉城」。

在成都，悠哉的生活像一條河流，身處這座城市，很難感覺到大都會的緊張。這裡，茶館、麻將館眾多，愛喝茶、愛打麻將，是市民休閒生活的寫照。此外，成都人愛美食，週末愛郊遊，更愛自己下廚，因此有人說，北京、上海的生活是工作，而成都人的工作就是生活！

名勝古蹟眾多的成都，許多歷史名人皆在此留下不朽創作，如：諸葛亮、杜甫。此外，世界文化遺產的「都江堰」，世界自然遺產「四川大熊貓棲息地」，以及擁有上千年歷史的「金沙遺址」、「三星堆遺址」，都是來到成都不可錯過的重要景點。同時，成都也是前往西藏的重要中轉站。綜合上述各點，難怪成都素有中國最佳旅遊城市的美名，號稱「一座來了就不想走的城市」。

在鶴鳴茶社，感受四川老茶館文化，細細品嘗一杯茶。

（圖片提供／蔡亞倫）

成都美食中，辣椒是不可或缺的角色。

左）天府源頭第一橋——都江堰南橋。（圖片提供／蔡亞倫）
右）熊貓基地裡的可愛熊貓。（圖片提供／蔡亞倫）

　　成都如此美好，卻有一點令我倆難以適應。那就是：人人都講四川話。若你不能體會我們的窘境，也許看看電影《武俠》，聽聽金城武的四川口音，或許就能懂了。出租車師傅說：「四川人天不怕、地不怕，就怕說普通話。」因為說普通話，會讓四川人感到彆扭，還不如講四川話來得自在，但這卻苦了外來旅客，置身在這四川口音的國度裡，只能雞同鴨講地胡亂應話，有聽沒有懂。不過，這就如同置身香港，勢必會聽到廣東話，是一樣的道理。其實，地方語言的魅力真的很迷人，透過這次旅程才知道，李白說的是陝西話，杜甫、諸葛亮說的是四川話。旅遊就像是段穿梭歷史的過程，透過不斷變換場景，得到源源不絕的感動。

成都小導遊

攝影文青　鄭磊
　　有一種生活叫成都，這兒的人愛喝茶，人民公園的「鶴鳴茶園」就是最有市井生活氣息的茶館；有一種味道叫成都，誠心推薦小吃：夫妻肺片、傷心涼粉、絕城芋兒雞！另外，「涼糕」是成都夏季最美味的消暑涼品，冬季則有「蛋烘糕」，是成都最本土的古早味。

台灣媳婦╳電影人　遲匯菁
　　「芋兒雞」口味偏辣，很好吃。「成都老火鍋」、「老媽蹄花」、「燒烤」、「串串香」也是推薦美食。特別介紹一下，燒烤和串串香不同。前者是烤的；後者則是煮的，類似北京的「麻辣燙」，也有「冷鍋串串」，就是煮好後放涼。

INFORMATION
實用資訊

‖ 成都大眾交通工具的小知識 ‖

■ 火車站

　　成都是中國西南區最大的鐵路樞紐，主要車站有「成都站」，其次為「成都東站」。

　　當地居民俗稱為「火車北站」的成都站，有直達中國各大城市的列車，站內更有地鐵1號線經過，地鐵站名即為「火車北站」。周邊亦有公交樞紐站，連結各大客運站與成都雙流國際機場。

　　成都東站，又稱「成都東客站」，地下2樓有地鐵2號線「成都東客站」站台。

雙鐵匯聚(地鐵、火車)的成都車站，旅客眾多。

■ 地鐵

　　成都地鐵1號線、2號線採用區間計價制，單程票卡為2～5元。首末班車時間大約是早晨6點半與晚間11點左右。乘客入站時，行李須接受安全檢查。

地鐵標誌

成都站的
地鐵站名

進地鐵站前
的行李安檢

地鐵出口
標誌柱子

LED板顯示
到站時間

本站
站名

■ 公交車

　　目前成都的公共運輸仍以公交車、出租車為主，公交網路覆蓋全城區、郊區，票價大多是2元。

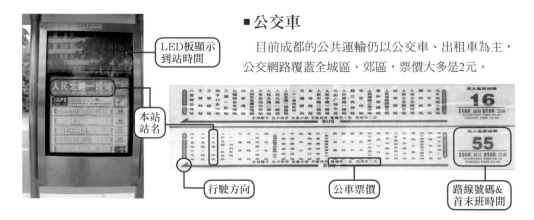

行駛方向

公車票價

路線號碼&
首末班時間

■長途客運

成都主要長途客運站有：新南門汽車站(旅遊集散中心)、成都東客站、城北客運中心、昭覺寺汽車站等等。其中，新南門汽車站就有直達「三星堆」、「熊貓基地」、「都江堰」、「峨嵋山」等景點的班車；或者，武侯祠門口也有以上景區的直通車。只是要事先查好班次，以免錯過，因為有些景點一天才出一班車喔！(註：可乘6、28、49、55、301等路公車到新南門汽車站。)

■出租車

除了公交車，出租車也是成都市區主要的交通工具。不同的出租車公司，起步價會有些差異，大致上是8或9元，每公里跳表1.9元，晚上11點後，每公里跳表2.2元，不另收燃油費。下車時，還可依滿意程度評分，但若乘客不評分，通常司機會自己按「非常滿意」，十分幽默逗趣。

成都出租車是小綠綠。

有顆楊丞琳痣的成都花美男司機。

成都出租車，除了可拿收據，還可以評分！

■摩D

摩D就是「摩托出租車」，適合短距離的搭乘。沒有跳表，而是以喊價收費的，但可殺價。起初，師傅出價20元，但我們喊價10元，且要求兩個人一起載。一開始他不願意，但當我們離開後，沒多久他又追了上來，也就是說：殺價成功！

一路上我們三貼，艾咪安伯還哼哼唱唱的，好快樂啊！但想必前面的師傅一定很無奈，所以即使到最後，他也不願和我們合照，可能是太害羞了吧！

摩D初體驗

不要啦！人家會害羞～

我們很瞎趴吧！

‖ 適合旅遊的季節 ‖

　　成都氣候春早、夏長、冬暖，到成都市區旅遊，春、秋最佳，具體時間為3～6月以及9～10月。由於春天來得早，所以在春節前，百花就已經開得差不多了。秋天涼爽舒適，更是旅遊成都的好時節。成都屬盆地地形，夏天悶熱且為雨季，故較不建議此刻前往。若欲前往，建議可至郊區的青城山遊覽，順便避暑一下。

‖ 成都美女何處尋？ ‖

　　聽說成都出美女，「三步一個張曼玉，五步一個林青霞」，溫潤的氣候把女人養得白白淨淨又嫩嫩的，任誰看了都想一親芳澤。而根據當地的「美女打望地圖」，歸納出最常遇見美女的地點有：春熙路、酒吧、書店、寬窄巷子；而最常遇見的美女類型則有：青春高校生、熟齡美魔女、文青小資女、打扮前衛女。果真，艾咪、安伯就在春熙路遇見上述各種妙齡美人。由於成都美女明動天下，我倆當然要把握機會多多合照，於是乎成就了一系列的「成都美女蒐集圖」。

　　至於，如何在成都街頭上創造一場豔遇，或是，製造一段浪漫又自然的搭訕呢？艾咪建議，最好鎖定悠哉漫步的單身美女，然後向前指著旅遊書詢問：「你好，請問這個地方怎麼走？」招式雖然老套，但屢試不爽，很多成都妹子都超熱情、熱心，最後也因為相談甚歡下，跟我們留下許多珍貴且難忘的合影喔！

成都美女大彙集

‧‧‧‧‧‧‧‧‧at青羊宮‧‧‧‧‧‧‧‧‧　　‧‧‧‧‧‧‧‧‧at寬窄巷子‧‧‧‧‧‧‧‧‧

‧‧‧‧‧‧‧‧‧at春熙路‧‧‧‧‧‧‧‧‧

01. 武侯祠

中國唯一一座君臣合祀祠廟——武侯祠，是劉備、蜀漢英雄及諸葛孔明的紀念處，也是最具影響力的三國遺跡博物館，被譽為「三國聖地」。館內區分為3部分：文物區、園林區、錦里。其中，文物區主要由武侯祠、漢昭烈廟、惠陵、三義廟等組成；而展出的文物中，「三絕碑」、「攻心聯」最為經典。

簡易的路線導覽

據說在唐代，武侯祠已是著名景點，因此杜甫曾作《蜀相》，詩曰：「丞相祠堂何處尋，錦官城外柏森森」。不過，進入大門，最先看到的會是氣勢雄偉的「劉備殿」，再來才是「諸葛亮殿」。出殿後往西走，可到「惠陵」，那是劉備長眠之地，故刻有「漢昭烈皇帝之陵」幾個大字。若不想迷路或錯過重點路段，艾咪建議可跟著旅遊團的導遊走，有免費的現場導覽可以聽，何樂而不為呢？

地址：成都市武侯祠大街231號／電話：(028)85535951／時間：08:00～18:00；夏季開放「武侯夜遊」，參觀時間延長至21:00／價錢：60元／交通：搭乘1、10、57、82、301、334、335、503、521、901、904等路公車至「武侯祠站」／網址：www.wuhouci.net.cn／注意事項：附近的「武侯祠橫街」是條「藏民街」，有濃濃拉薩風情；武侯祠斜對面有家「夢之旅」青年旅舍，住在武侯祠附近，享受免費景區直達車服務，每晚還可去錦里吃消夜，是不錯的選擇。

劉備墓，史稱「惠陵」

墓塚四周，圍牆環繞

因為「蹭導」旁聽解說，我們更了解惠陵歷史了！

誰來幫我馬一下？我從西元223年就站在這了！

♥ 貼心提醒
免費的景區直達車

在武侯祠的售票處，提供「杜甫草堂」與「金沙遺址」的門票代售服務，購票者可免費搭乘接駁車。另外，武侯祠遊客中心與直達車門店，也代售偏遠的景點門票（如：都江堰、熊貓基地、三星堆），且憑票可免費搭乘直達車，省時又省力。詳細發車時間與票價請諮詢：(028)83181155

02. 三星堆

三星堆是珍貴的人類文化遺產，距今有5千年歷史，是中國西南地區範圍最廣、歷史最悠久、文化內涵豐富的古城，被譽為「長江文明之源」。從三星堆出土的古蜀祕寶中，可見青銅面具皆為凸眼、大耳、牛鼻、闊嘴、顴骨突出，造型光怪陸離、奇異詭譎，所以也有很多人猜測，三星堆文明就是「外星人的傑作與遺跡」。

現在的三星堆是一座大型且現代化的專題性遺址博物館，館藏文物豐富，呈現出當時的藝術、生活、信仰與文化，獨特而神祕。此外，館方也設有方便的移動語音導覽，使遊覽過程更富知性與趣味。

地址：四川省德陽廣漢西安路133號／電話：(0838) 5500349／售票時間：08:30～17:00／開放時間：08:30～18:00(綜合館)；08:30～18:30(青銅館)／價錢：82元；24歲以下學生及60歲以上老人可享優惠票42元／交通：在成都市裡的「新南門汽車站」有直達車，每日08:30和15:00發車，諮詢電話：(028)85433609(更多交通方式請至官網查詢交通指南)／網址：www.sxd.cn/index.asp／注意事項：1.三星堆位於成都郊區的廣漢市，且景區頗大、文物豐富，建議提早出發，可花一整天細細品味。2.入園後仍需保留票根，因為園區內每座場館都設有驗票口。3.導覽器一次10元(3小時內)，有中、英、日、韓、德、法、俄等多種語言。

	1	2
3		

1）青銅神樹，高3.95公尺。
2）青銅大立人像。
3）園區一景。

往返三星堆之行程 步驟

1. 城北客運中心

2. 購票

3. 搭車前往

4. 廣漢下車，攔路人問路

5. 找到6號公車

6. 抵達三星堆

7. 回到廣漢汽車站乘車

8. 歸途之一秒變睡豬

9. 到昭覺寺汽車站轉乘公車回市區

♥ 貼心提醒
艾咪安伯的悲慘轉車回憶錄

NG

由於當初誤信旅遊書，去「三星堆」時，我們是從城北客運站，坐車到達廣漢市，再轉乘6號公車到達博物館。回程時，原車返回廣漢汽車中心，再搭客運回到成都市的昭覺寺汽車站，而後轉乘公車回到市中心。如果當初，我們選擇去「新南門汽車站」或「武侯祠」，就有直達車可搭，也不必這麼曲折顛沛了。

左）園區頗大，各館之間有一定距離。
右）戴金面罩青銅人頭像。

03. 錦里

有句話說：「拜武侯，泡錦里」。錦里，是品味浪漫的休閒驛站，也是體驗三國文化與成都民俗的熱鬧古街。

地址：成都市武侯祠大街231號附一號／電話：(028) 66311313／交通：搭乘1、10、57、82、301、334、335、521等路公車至「武侯祠站」／網址：www.cdjinli.com／注意事項：與武侯祠東側僅一牆之隔；全街商鋪實行一口價，不接受討價還價。

在錦里的街頭藝人頗多

錦里銅人

張飛

孔明

```
      2
1  ─┤
      3
```

1）錦里一處入口，古色古香。
（圖片提供／蔡亞倫）

2）夜晚錦里紅燈籠紛紛亮起。
（圖片提供／蔡亞倫）

3）民俗工藝區的皮影戲偶。

古街新風貌

一路上，沿途都是木板門、石板路。不過，雖是古街，也同時具有現代感。內設有民俗工藝購物區、好吃街、酒吧區、公共觀賞區，集旅遊購物、休閒娛樂於一體。茶館、戲樓、酒肆(酒館)、手工作坊、美食小鋪聚集在此，令人流連忘返。正所謂：「休閒成都，來了不想走；人文錦里，走了還想來。」

逛得開心

玩得開心

買得開心

錦里讓人玩得開心、逛得開心、買得開心

魂縈夢繫錦里小吃

有人說：「在錦里，總有一處讓你魂縈夢繫。」對我們而言，那就是「好吃街」了！這裡網羅了最具四川特色的名小吃，比較出名又好玩的就是「三大炮」，現場製作，現場叫賣，有得吃又有得看！眼福、口福，一次滿足！

香辣涼糕，7元1份

混糖涼糕，7元1份

好吃街上，有四川各地的著名小吃

04. 寬窄巷子

寬窄巷子是由「寬巷子」、「窄巷子」、「井巷子」3條平行排列而組成的清朝古街道，與大慈寺、文殊院並列為成都三大歷史文化保護區。這裡，見證成都的變遷，老成都的閒適與新成都的時尚，在此可同時體驗。來到寬窄巷子，曬太陽、發呆、喝茶、聽戲，感受一下最成都的節奏吧！而入夜後，氣氛更是熱鬧！

地址：成都市青羊區同仁路以東，長順街以西／電話：(028)66355355／交通：搭乘5、13、25、42、47、58、64、78、81、340等路公車可達／網址：www.kzxz.com.cn／注意事項：此區的旅館有「龍堂客棧」青年旅舍、精品酒店「德門仁里」。

		1	
		2	
3	4	5	

1～5）寬窄巷子是具有濃濃中國味的購物圈，位於窄巷子上還有「寬窄」二字的石雕藝術。(圖片提供／蔡亞倫)

井巷子

窄巷子

寬巷子

井巷子

井巷子是民俗成都的縮影，在此匯聚特色小吃(好吃街)、民俗玩意兒(手工坊區)，最有意思的就是長達400公尺的「磚文化牆」，呈現了老成都的歷史、回憶與道地的市井生活。另外，歐式風情的「小洋樓」則是井巷子最具特色的建築物。

左）成都名小吃——軍屯鍋魁。最傳統的鍋魁就是油炸鮮肉餡的餅。
右上）小洋樓。(圖片提供／蔡亞倫)
右下）在「手工坊區」逛逛民俗藝品。

窄巷子

窄巷子是休閒生活品味區，這裡保留清末建築，也有西式洋房，巷內店家以西餐、藝文為主，整體風格走向精緻格調。成都人的休閒安逸、緩慢生活，在此可略窺一二。而窄巷子上，最出名的莫過於是「栓馬石」了。

上）古色古香的星巴克。(圖片提供／蔡亞倫)
左）窄巷子上的西式洋樓多是高格調餐廳。
右）據說此區曾是滿蒙居住地，「栓馬石」呈現出北方的馬上文化，目前寬窄巷子內僅剩3處。

寬巷子

寬巷子是人氣最旺的的地方。這裡集中了最多老建築，充滿懷舊氣息，代表最市井的文化，保留下城市過往的痕跡。巷內經營以茶館、酒店、旅舍、會所、成都餐館為主，其中，曾經身為老成都院落的「德門仁里」，如今已轉變為精品酒店；而刻有「愷廬」二字的石匾則是寬巷子裡最具標誌性的文物。

左）糖油果子，是成都特有的零嘴。 中）傷心涼粉。 右）三大炮。

愷廬。(圖片提供／蔡亞倫)

川

購物血拼

購物血拼

春熙路

> **地址：**成都市錦江區春熙路街道／**交通：**搭乘地鐵2號線到「春熙路」站，往南步行到「東大街」，再往西走可達「春熙路南段」，步行約10分鐘。或搭乘58、81、98路公車到「春熙路北口站」；43、47、48、55、56a、62、104路公車到「春熙路南口站」／**注意事項：**附近一帶有知名的「錦江劇場」與小吃名店「龍抄手」總店。

　　充滿魅力的春熙路，是成都的時尚指標，眾多老字號商場、各大精品業、百貨公司、流行潮牌匯聚在此，更重要的是，這裡號稱為「成都美女大本營」。

左）春熙路北口的熱鬧街道上，還有太平洋百貨。
右）街上隨處可見的時尚女郎塑像。

春熙路＝美食＋美女＋流行時尚

　　有人說：「城市淘金、品味時尚、欣賞美女，就去春熙路；哪都不想去？還是去春熙路！」所以，外地人來到成都，不來逛逛春熙路，就好比去北京不逛王府井，到上海不逛南京路一樣可惜。此外，春熙路不只是逛時尚、看正妹的地方，同時也是美食雲集之地！許多老字號、名小吃，如：鍾水餃、賴湯圓、龍抄手、夫妻肺片、串串香，都聚集在此，價格低廉、口味正點，絕對可以大飽口福。

看見孫儷，興致一來偽裝甄環

我是真煩

兩位有事嗎？

我是蒸丸

艾咪安伯
旅行拍立得

 啪嚓！

拍照扮醜誰人甲我比

　　這次，艾咪安伯不只逛了春熙路，還入境隨俗拍了自以為時尚的假仙照，同時，還與許多美女搭訕、合影，更有趣的是，我們不只跟美女拍「美照」，還跟他們拍「比醜照」，但往往此時，我倆都會是大贏家……。

扮醜還是美

第一名
最認真扮醜獎

討厭啦，害羞了

沒配合扮醜，作弊啦！

錦江劇場欣賞國粹變臉

　　來到成都，當然得見識見識「變臉」。錦江劇場裡這部經典的川劇秀《傳奇變臉》，是一部華麗、盛大又炫目的四幕劇，集變臉、吐火、飛刀、川劇、LED燈效於一體，是傳統與現代的完美結合，號稱為成都最有創意、最值得觀賞的秀。若意猶未盡，表演結束後還可以購買一張表演DVD回家收藏呢！

時間：20:00(表演長度為70分鐘)／地址：華興正街54號(位於春熙路王府井百貨的背後)／電話：(028)86666891，18981777993／票價：180、280、380、480元。

錦江劇場川劇秀。

Delicious Dishes.

▼ 龍抄手

地址：成都市青羊區文殊院街35號(文殊坊店)／**時間**：10:00～21:00／**價錢**：每人平均消費大約20～30元／**注意事項**：有眾多分店，總店則是在春熙路南段，據說口味最正宗；若想一次淺嘗多種小吃，建議點套餐，若想單點的話，「甜水麵」是很多人推薦的；隔壁的「洞子口張老二涼粉」也是評價頗高的餐館。

　　號稱「美食之都」的成都，以多種當地小吃造就了成都獨特的飲食文化。龍抄手、鍾水餃、賴湯圓、陳麻婆豆腐、擔擔麵、夫妻肺片等都是成都名小吃。「龍抄手」、「鍾水餃」、「賴湯圓」是一間店的名號，但其實也是一道菜名。也就是說，一間叫作「鍾水餃」的店，裡面也賣賴湯圓，而一間叫「賴湯圓」的店，裡面也賣鍾水餃。這感覺就很像是，肯德基裡面賣麥克雞塊，麥當勞裡面賣肯德基蛋塔！其實仔細一想，他們就像是7-11、全家、萊爾富，雖然品牌不同，但賣的東西是差不多的，如此思考，就比較能理解了！

左）麻婆豆腐。中）夫妻肺片。右）龍抄手(文殊坊店)。

吃來吃去，「龍抄手」最讚！

　　艾咪、安伯吃遍「龍抄手」、「賴湯圓」、「鍾水餃」的小吃套餐組合，基本上，套餐內容的餐點是大同小異的。而根據我們的經驗，「皮厚餡少」、「服務不佳」、「過油」是主要遇到的NG情形。最後，我們得到一個結論：要一口氣品嘗各式成都小吃，體驗成都館子裡的用餐氛圍，挑一間店一塊兒品嘗就夠了。而艾咪、安伯的共識為：「龍抄手」就是最優選擇。

龍抄手(文殊坊店)25元套餐內容。

美食品味**筆記本**

鍾水餃

外觀看起來紅通通的，先嘗一口發現是甜的，緊接著嗆、辣、麻的口感才漸漸浮現。此道為作者最推薦的菜肴。

好吃評分： 👍👍👍👍👍

成都美食超正點

擔擔麵

乍看之下，會以為這是碗樸素的小吃─灑上花生粉的白麵，其實不然，攪拌過後才是真實本色。辣醬伴隨麵條，釋放出麻、辣、香的口感，越吃會越順，令人胃口大開！

好吃評分： 👍👍👍👍

川北涼粉

這是道以涼粉、蒜泥、蔥花、辣油所組成的小吃，晶瑩剔透的涼粉，口感像是果凍蒟蒻條，相當滑順且滑溜。

好吃評分： 👍👍👍👍

龍抄手

麵皮的味道不錯，也不會太厚，肉餡飽滿夠味，簡單的說，就是好吃的大餛飩，也算是一道口味較清淡的成都小吃。

好吃評分： 👍👍👍

紅紅辣辣爽翻天

賴湯圓

芝麻內餡頗多，但不會太甜；湯圓皮稍微厚一點，但有Q感，頗好吃。但台灣的桂冠湯圓還是比較大顆，比較合我們的味。

好吃評分： 👍👍

紅糖粽子

外觀看起來像是甜粽，碗底還有黑糖膏。糯米的口感很爽口，越嚼越香甜，不會膩，是一道清新可愛的甜點。

好吃評分： 👍👍

蜀九香

地址：成都市青羊區一環路西一段160號(百花店)／電話：(028)
87016811／時間：10:00～22:00／價錢：每人平均消費大約110元
／網址：shujiuxiang.com／注意事項：分店眾多，可上官網查詢。

服務、口味，都啵棒！

精選湯底的成都火鍋歷史悠久，「蜀九香」火鍋是代表之一。跟另一家著名火鍋店「海底撈」相比，蜀九香的服務也很不錯，服務生會主動幫客人倒水、加料、注意火候，唯一比較不同的是，這裡沒有賣鴨血，也沒有遊戲區和美甲區。但儘管如此，蜀九香的生意還是很好。而在眾多餐點中，雞肉與軟骨結合的「骨肉相連」是最推薦的，將之沉浸辣鍋後烹煮一會兒，入口後只有一個感想：「嫩！」於是，酒足飯飽之後，每個人都能感受到賓至如歸的幸福，與又麻又辣的舒爽暢快。

1、2）令人口水直流的麻辣火鍋。

3）美食擺滿桌。

4）酒足飯飽後，表情不知不覺狂妄了起來，可見有多滿足呀！

5）高朋滿座、座無虛席。

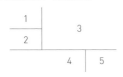

1		3
2		
	4	5

不沾沙茶，沾麻油

在台灣吃火鍋，沾的是沙茶醬；在北京吃火鍋，沾的是麻醬；在成都吃火鍋，沾的是麻油。據說，沾沾麻油，會比較順口，也比較不會那麼辣、那麼麻。此外，服務生還會在麻油裡，加入香菜、蔥末、蒜泥、鹽巴、味精、蠔油、調和油，攪拌過後，別有一番風味呢！

特製麻油醬。

驢友記青年旅舍

地址：成都市金牛區星輝西路任家灣23號／**電話**：(028) 83222271／**價錢**：多人間床位35～45元；雙人標準間 98～108元；持YH卡可享折扣／**交通**：乘55路公車到 「人民北路一段南」；或搭地鐵1號線至「人民北路」站 D出口出來，步行可達／**網址**：www.mixhostel.com／**郵 箱**：mixhostel@hotmail.com／**注意事項**：每週一早上10 點，有免費的周邊景點步行導覽(walking tour)，活動時 間約2～3小時；另有分店「懶骨頭」、「拖板鞋」青年 旅舍。

在中國，習慣稱「背包客」為驢友。因 此，這家「驢友記」青旅的宗旨就是：接 待所有走累的旅客，大伙齊聚一堂聊天說 地，並為下段旅程做準備。不過，旅舍大 門深藏在一片綠蔭竹林中，頗為隱密，不 仔細找，還真的會找不到呢！而旅舍內的 布置，帶有濃濃的西藏風情，予人一種平 靜自在的感覺，彷彿是隱士居所一般，遠 離外界紛擾。

1）旅舍大門隱藏在一片竹林中。
2）餐吧用餐區，在此販售各式中 西式餐點。
3）富有藏族風格的公共交誼廳。
4）大自然風味的花園公共空間。

環境清幽，背包客交流好所在

旅舍附近的景點有成都最大佛教禪院「文殊院」以及文化保護區「文殊坊」。若想體驗在地民居生活，也可以去泡泡「茶館」，夠幸運的話，也許還會在路上看見老人家擺龍門陣，或見識到成都傳統手藝「掏耳朵」。

至於旅舍內部的設施有提供餐點的「驢吧」，以及露天的休憩花園，提供中外驢友一個交流的空間。而房間內部，簡單、乾淨、明亮，且每道房門上，都掛有不同成都路名的門牌，非常有意思。另外，房間內都擺有工作人員評分表，相當重視服務品質，難怪這裡的服務人員都非常親切友善，如同久別重逢的朋友一般！

Please rate and give our staff a review

上）房間環境簡潔明亮。
下）房間內還有工作人員評分表。

2份愜意早餐，只要49元

法式吐司

巧克力燕麥粥

在驢吧享用豐盛美味的早餐，在優雅寧靜的環境內更顯愜意

桌墊下擺滿過往旅客的火車票

⦿川 同場加映

在青年旅舍遇上
各式旅人

贈工作人員小紀念品。

同時，還結識一群志同道合的驢友，他們正準備從成都騎單車到西藏。原本成員只有3個大男孩，碰巧在交誼廳遇見一位女孩也有一樣的計畫，於是他們決定組成4人進藏團，一起出發。

兩天後，我們道別彼此，各自展開未知的冒險奇幻旅程。在網路社群上，看著他們的動態總是：冒雨逆風、上山下坡，或燦笑於邊疆美景之前。那樣革命情感般的友誼，令人動容，彷彿在欣賞一部勵志電影。在結束旅程後，那女孩對我說：「走了這一遭，我曬成了大黑人啦！不過心卻透明了。」

旅舍免費導覽日，在工作人員的帶領下，我們繞了附近景點一圈，收穫豐富，也與其他住客變成朋友。

在一次驢友記的walking tour中，我們認識了幾個新朋友。來自湖北的小懿是一位土家族的女孩，還未有對象的她，一到寺廟就虔誠地拜求姻緣，只因怕被族人笑是「老姑娘」。聽小懿聊起，保守的土家族裡有個不成文的規矩，就是不可帶男友回家，除非是即將成婚的對象。否則，若最後兩人沒有結果，會引來非議的。

少數民族土家族女孩小懿。

與驢友閒聊，他們即將騎單車遊西藏。

是啊！即使過程再辛苦煎熬，最後若能對自己有更深的認識，並且看見更廣的世界，才是最珍貴的。這一路上，我們會遇到很多人，而不可思議的是，這些人可能會成為我們的朋友，這也許就是旅程的緣分，旅行的意義吧！

驢友送行&道別。

重慶

Chongqing

迷霧裡的山城

重慶是山城，是霧都，也是中華民國戰時的首都；
依山而建、臨江而起的吊腳樓建築，
令人有股「置身九份」的錯覺。

「朝辭白帝彩雲間，千里江陵一日還。」
昔日的長江、嘉陵江依然懷抱著重慶城，
只是長江三峽的民居景觀早已變了模樣。
永遠不變的是，重慶火鍋的「麻」與辣妹子的「嗆」。

重慶
Chongqing

重慶是我們最喜歡的前3名城市之一。到達那天，整座城市下著綿綿細雨，山城的憂鬱與朦朧，隱約可見。抵達前，安伯對重慶的印象是山中農村，但到訪後，才著實被驚呆。重慶建築的高度與現代化程度完全不下於台北，另外，許多重要遺址也都被妥善保存。因此在重慶，同時可見悠遠的歷史與嶄新的面貌。

重慶同時也是蔣介石抗戰日本的長年基地，由於地形的優勢，周圍都是山，造成日軍攻占的阻礙，也因此留下一段傳奇故事。這座山城還有股獨特魅力，隨著地形的開路、因地制宜的建設，旅客穿梭山間平房，還有各種花色的貓咪在城市各角落相伴著，頗有九份風情，也彷彿有股誤入宮崎駿世界的錯覺，也許繼續跟隨蜿蜒的樓梯，就能找到神隱少女千尋遇見白龍的那座山頭。另外，長江、嘉陵江交錯在此，旅人也可乘船，沿著江河去漂泊、遠航。

舊時的人力拉車。

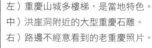

左）重慶山城多樓梯，是當地特色。
中）洪崖洞附近的大型重慶石雕。
右）路邊不經意看到的老重慶照片。

用竹簍裝物、裝孩童，
在重慶頗常見。

夏天太熱、冬季太冷的重慶，春秋是旅遊的最好季節。如果能吃辣，在重慶旅行將會是很幸福的事情。在重慶，隨便一家火鍋店，味道應該都不差，且絕對都能讓人辣得很過癮！吃完晚飯，還可以去江邊走一走，看看山城夜景，體驗愜意舒適的生活。

上）長江畔的山城風貌。
下）重慶貓咪多，更顯神祕慵懶風情。

 重慶小導遊

 渝

近些年回老家越來越少了，寫著寫著有點想家了，哈哈……

舞台劇導演 金光利

「南濱路」是吃飯的好地方，秦媽火鍋、陶然居酒樓，味道都很棒。古建築群林立的「湖廣會館」內，有條老街可以走走，其中，「捌會館」、「飯江湖」是極推薦的餐館，前者風格典雅，後者風格粗曠，老闆是同一人，是名作飲食文化的美女。

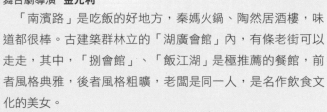

223

INFORMATION
實用資訊

‖ 重慶大眾交通工具的小知識 ‖

■ 火車站

　　主要車站有「重慶北站」，其次為「重慶站」。重慶北站同時也設有地鐵(3號線)，而重慶站則鄰近地鐵「兩路口站」(1、3號線)。

　　另外，若搭乘動車從重慶北站前往成都，僅需2個半小時左右；而「成渝高鐵」通車後，將可讓成都、重慶邁入1小時經濟生活圈。

上）重慶北站前大排長龍的人潮。
左）擠爆的候車區。
右）打牌、打發時間的旅客。

■ 地鐵

　　目前地鐵線路已發展為5條，分別為1、2、3、6、國博線。首末班車時間大約是早晨6點半與晚間10點半。單程票價2～7元，以里程計費。而地鐵3號線的一端，即為「重慶江北國際機場」。

電子票卡。

重慶地鐵的地鐵標誌。

地鐵環境

■ 公交車

　　目前公交車仍是重慶市主要的公共運輸工具，票價為1～2元。不過，當地友人時常開玩笑地說：「在重慶，還是11路公車最好。」意思就是，重慶山路多，有很多爬樓梯的機會，所以常常需要靠自己的雙腿行走，因為「11」形狀像腳，所以就說「11」路公車囉！

路線號碼
起點&終點
首末班時間
紅字為本站
此標意指本站有軌道交通
行駛方向

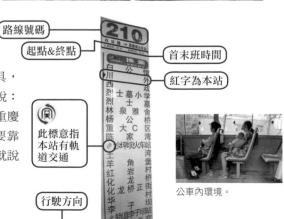

公車內環境。

■ 出租車與摩D

除了公車，重慶市區的主要大眾交通工具還有費用低廉的出租車。起步價8元，不另收燃油費，超過3公里後，每公里跳表1.8元。晚上10點至早晨6點之間，起步價則提高為8.9元。

重慶市區的出租車跟台灣一樣，都是「小黃」。下午4點為交接班時間，攔車較困難。另外，在重慶還流行「合夥乘坐」。若上車時，車內已有其他乘客，可先注意跳表機，若數字接近起步價，司機會算你少幾塊錢；若跳表機上的費用已頗高，則會照表的80％收費。另外，靠近地鐵口處常有摩托出租車(摩D)，可議價。

重慶的「小黃」出租車。

‖ 適合旅遊的季節 ‖

遊重慶，春、秋、冬皆適宜，但秋天是最佳旅遊季節。而夏天悶燥、炎熱，有中國三大火爐城市之一的稱號，故不宜前往。另外，由於春、冬季多霧，故重慶也有霧都之稱。

有霧都之稱的重慶，拍照起來都有一種朦朧感。

‖ 隨身攜帶保健藥品 ‖

來重慶，勢必要品嘗麻辣火鍋。但激情過後，隔天早晨總會有「屁股著火的感覺」，我們稱之為「火屁初體驗」。可能是台灣人的道行不高，所以對中國那些又辣、又油、又鹹的食物，抵抗力較弱，所以，腸胃藥是必備的。當然，預防勝於治療，「盡力而為」、「淺嘗即止」也是種智慧。

另外，由於重慶多山路、階梯，若沒有強健的體魄，恐怕會鐵腿。因此，建議隨身攜帶痠痛藥膏與貼布。

自備一些私人小藥品以備不時之需。

吃辣？難不倒我的！

啊~香腸嘴！

重慶麻辣鍋威力特強！食用後嘴臉紅鼻涕流，徹底潰敗！

渝 玩樂情報 FUN TIME !

01. 朝天門

朝天門碼頭位於嘉陵江與長江交會處，據說，古代是「迎官接聖」之地，是迎接重要官員、迎接皇帝聖旨的地方，這也是朝天門得此名的由來。

地址：重慶市渝中區長江濱江路朝天門廣場／交通：搭乘地鐵1號線到小什子站，往東北方向走新華路後接陝西路，直行可達；或乘401公車至朝天門廣場／注意事項：在此可搭輪渡到對岸的「洋人街」等景點；也可參考當地旅行社的三峽5日遊船之旅。

左）下過雨後的朝天門廣場上，人潮逐漸出現。
右）朝天門碼頭。

艾咪安伯 旅行拍立得

 啪嚓！

亂入當地婆媽舞會

朝天門廣場上，有大跳健美操的婆婆媽媽，也有放夜光風箏的兒童，還有談情說愛的戀人們，好不熱鬧！

此時，艾咪身旁那個過嗨的女人，忍不住亂入婆媽健美團，享受熱鬧的群舞氛圍。體驗過後，安伯極力推薦要來嘗試一次，融入這免費的在地婆媽舞會。因為這不只是跳舞，更是挑戰自己的勇氣。所以千萬別害羞，只要跨過自己劃定的界線，絕對能激發潛能！就如同，在上海時，安伯用盡渾身解數逼迫艾咪上夜店熱舞，結果一開始羞澀的艾咪，最後竟跳得比安伯還瘋狂，渾身上下大解放！所以，千萬別被自己的想法給限制住了，盡量體驗各種新鮮事，這樣旅程就會變得很有趣唷！

上、下）亂入婆媽健美團的安伯。

02. 洪崖洞

洪崖洞位於滄白路上的濱江處，已有2300年歷史。「吊腳樓」的設計，依山而建，極具山城建築的風格。外表看來只是樓，但樓中還有街道，很有特色。內有美食街、酒吧街、購物街、飯店、巴渝劇院，可乘坐手扶梯或觀光電梯移動遊覽。那日，在此聆聽著二胡樂曲，眺望長江，久久不語，甚是舒暢！

地址：重慶市渝中區嘉陵江濱江路88號／交通：搭乘111、112、181、215、261、262、268、424、609、866、881、0491等路公車至洪崖洞站／注意事項：鄰近「解放碑」、「迪胖火鍋」、「朝天門」，步行約半小時可到。

魔幻又壯觀的洪崖洞，像極了霍爾的移動城堡。

艾咪安伯 旅行拍立得

 啪嚓！

重慶也有霍爾的移動城堡？！

抵達重慶當天，出租車師傅就極力推薦洪崖洞。行經時，師傅還特地放慢速度讓我們好好欣賞。大紅燈籠高高掛的洪崖洞，夜晚時頗有九份風情，彷彿神隱少女千尋正在裡頭勞動，而蜘蛛爺爺就在樓層的最下方燒著鍋爐。不過，那層層疊疊的建築外觀，更是像極了「霍爾的移動城堡」，不可思議啊！

在3樓百業工坊老街，安伯又成為飾品控！

吹著長江風，吹到春光乍洩，好害羞>O<

在長江面前，露底褲的安伯
（幸好有小鴨幫忙擋住）

左）洪崖洞夜景極具神祕感，有九份的日式氛圍。
右）洪崖洞最頂層的廣場上，有艘超大型的巨船，如同電影神鬼奇航的布景一般。

紅燈籠、石板地,營造磁器口古鎮氛圍。

03. 磁器口

古時,此處多瓷器鋪、瓷器攤,故名為「瓷器一條街」,後又稱為磁器口。據說,這裡是重慶很早以前的一個碼頭,已有千年歷史。在這條古鎮老街上,兩側都是重慶味兒的老房子,窗櫺窗樞的巧思讓建築看起來像是懷舊復古的藝術品。雖說現在已變得商業化了,但還是值得一逛。

地址:重慶市沙坪壩區磁器口古鎮/交通:搭乘地鐵1號線到磁器口站;或搭202、220、237、261、467、808等路公車至磁器口站/注意事項:鄰近「紅岩廣場」、「白公館」、「四川外語學院(川外)」、「三峽廣場」等景點,但需乘公車前往;這裡有間「純真年代」國際青年旅舍,可作住宿參考。

磁器口老街街景。

美食、小吃選擇多！

除了老建築，許多特色美食也是遊覽磁器口的重點。最好是肚子餓的時候來，有了大容量的胃，才能嘗遍所有小吃，讓舌頭好好玩味一番！推薦的美食有毛涼粉、木錘酥、雙皮奶、水煮魚、麻花捲、竹筒粽子等，另外，毛血旺與雞雜是特色食物，至於麻花捲，很多店鋪都在賣，選最多人排隊的「陳麻花」買，準沒錯！

毛涼粉(5元)　木錘酥　竹筒粽(2元)　陳麻花　老灶雙皮奶(7～10元)

艾咪安伯
旅行拍立得

啪嘰！

抽到「凶」籤！艾咪好衰？

吃飽喝足後，我們行經一間門口有自助抽籤的廟，投了1元試試手氣，結果艾咪一抽就是一張「凶」籤，而一旁竟有句標語寫著：「苦命者免費」。嗚嗚嗚……1元白花了，果然很衰！篤信耶穌的安伯安慰著艾咪：「別被這小籤左右，我們的未來是有盼望的！」正當艾咪含淚脈脈、感動之際，安伯接著說：「我們去血拼吧，剛剛有雙鞋不錯看！」

抽到「凶」籤的艾咪 v.s. 熊熊購物慾火的安伯

凶？我那A這衰？

算啥命？血拼要緊！

SHOPPING

渝

購物血拼

SHOPPING GUIDE 1
解放碑商業街

地址：重慶市渝中區民權路與鄒容路交點／交通：搭乘地鐵2號線到臨江門站／注意事項：鄰近「洪崖洞」、「迪胖火鍋」、「朝天門」，步行約半小時可到。

8年抗日戰爭爆發後，國民政府遷都重慶。抗日勝利後，建立「抗戰勝利紀念碑」。1949年蔣介石退兵台灣，而後改名「人民解放紀念碑」，簡稱「解放碑」。

解放碑與購物廣場。

顛覆想像的購物天堂

有「中國西部第一街」之稱的解放碑商業街，是重慶的中央商務區，也是中國第三大商圈，僅次於北京、上海，氛圍有點類似台北信義區。在這裡，國際名牌爭奇鬥豔，購物廣場上高樓大廈並排聳立，百貨公司、餐廳、酒吧、影城、飯店、小吃街匯聚，遊客在此可以體驗巴渝風情，品嘗特色小吃，更可購買特產、紀念品。繁榮之程度嚇呆我倆，原來重慶不是原先想像中的農村風格，而我們才是正港的村姑啊(漩渦)！

重慶時代廣場，名牌選擇多。

艾咪安伯
旅行拍立得

 啪嚓！

重慶妹子有個性

聽說，解放碑附近也是重慶美女的大本營，但兜了一圈，感覺台灣姑娘還是挺好的(笑)，唉唷～人各有所好嘛！不過，重慶姑娘自信大方，重點是人人都有雙美腿，皮膚白嫩水噹噹啊！

解放碑商圈，重慶妹子形象自信俏麗。

渝 品嘗美食

迪胖火鍋

地址：重慶市渝中區解放碑朝千路31號／**電話**：13368198933／**價錢**：每人平均約60元／**交通**：搭乘地鐵1號線到小什子站，步行約10分鐘可到／**注意事項**：鄰近「解放碑」、「朝天門」、「洪崖洞」，步行約半小時可到；另外，重慶「劉一手」火鍋也是老饕最愛。

來到山城，當然不可錯過又麻又辣的火鍋。曾經遇到一位重慶人說：「吃鍋就是有多辣吃多辣！」我們疑惑：「肚子不痛嗎？」他竟回：「越痛越好吃！」可見麻辣鍋在重慶的地位！但是，旅遊書上推薦的另一家火鍋，重慶朋友竟說：「沒聽過！」不過很幸運的，有當地朋友帶路，我們還是品嘗到正宗、夠味的重慶火鍋。

上）店內時常高朋滿座。
左下、右下）夏天吃鍋，伙計、客人都穿著清涼。

迫不及待大快朵頤一番

耶~開吃囉！

該吃大辣？還是變態辣呢？

麻到深處無怨尤，痛苦並快樂著……

號稱「風味、口味、人情味，味味俱全」的「迪胖老火鍋」是道地風味的街邊小店，沒有華麗外表，卻是實力派火鍋店，三層樓坐得滿滿滿。湯底辣中帶麻、麻中帶香，儘管已汗流浹背、鼻水直流、嘴唇紅腫似香腸，我倆仍不顧一切、奮不顧身地大開吃戒！此外，喜歡內臟系列的朋友有福了！鴨腸、鵝腸、綠毛肚都是當地人欽點的，不妨入境隨俗，試一試。

又油、又麻、又辣的
重慶麻辣火鍋。

好辣好辣！

是在說我嗎？

俗辣！這根本不夠辣～

「凍未條」的麻辣好滋味

上）九宮格鍋，不怕料不見或撈到別人的。
下）沾醬不是沙茶，是麻油+蒜末。

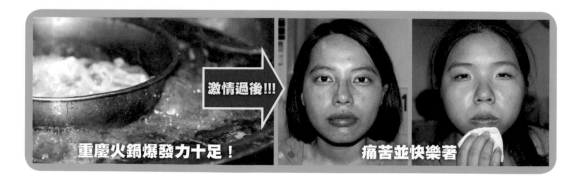

激情過後!!!

重慶火鍋爆發力十足！

痛苦並快樂著

瓦舍璽院青年旅舍

　　旅舍依山傍水，面朝長江，後頭則可見獨特山城風貌。離解放碑商圈、朝天門碼頭頗近，周邊還有湖廣會館、三峽博物館、洪崖洞等景點。

地址：重慶市渝中區長濱路80號／電話：(023) 63104208／價錢：多人間床位45～55元；雙人標準間200元；持YH卡可享5～10元會員折扣／交通：搭乘地鐵1號線到小什子站，步行可到；或搭871、141路公車到朝天門站，再步行600公尺可達／網址：www.yhachina.com/ls.php?id=144／郵箱：yangtzeriverhostelreception@gmail.com

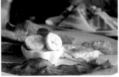

1	2
	3	4

1）旅舍大門古色古香。
2、4）舒適的公共環境。
3）享用悠閒的西式早餐。

古老建築、創新設計

　　交誼空間內可見中國風的木製門窗，西式格調的吧檯、沙發，中西風格兼具的室內設計，別有韻味。初來乍到的旅人，卸下一身重擔後，可在這裡稍作休息，享用美味的早午餐、咖啡，如此安心愜意，有如家的感覺。

　　客房區的走廊牆面有如隧道的設計，別出心裁。旅舍內牆更以老廠房拆遷下的老磚砌成，富有特色。每間客房依不同主題，擁有不同名號以及房間彩繪，藝術氣息濃厚。此外，房間乾淨明亮，簡潔舒適，整體來說相當滿意。

上）有如隧道的磚頭走廊。
下）簡潔明亮的房內繪有中式畫作。

重慶辣妹子果然
名不虛傳

「辣妹子」算是四川的一種方言吧,而之所以這樣稱呼重慶女孩則有以下幾層意思。第一:重慶女孩較能吃辣;第二:重慶女孩性格夠火辣;第三:重慶女孩個性十分熱情豪爽。

重慶新朋友——王丹丹

央廣的「你好台灣網」論壇上,丹丹看見我倆徵伴遊的消息後,非常熱情地回覆。抵達重慶時,我們才發現丹丹是一位比安伯還瘦、比艾咪還要有氣質的河北女孩。正在重慶讀大學的丹丹,也曾經到過台灣的義守大學當過交換生。依據她個人的成長經驗,她覺得河北女孩比較溫柔善良,大方不做作。而根據她在重慶的觀察,重慶美女多,且重慶女孩皮膚好,喜歡打扮,思想開放,性格大方、直爽、重義氣,在家裡則會更加表現出潑辣、強悍的一面。

重慶在地伴遊王丹丹

這台妹怪怪的

一起買了姐妹洋裝,將來相認可以用!

你在看我嗎?你可以再近一點!

重慶美女怎麼拍都美

在磁器口的毛涼粉小店裡,艾咪不時地偷瞄隔壁桌,因為那裡有道道地地、純正的重慶美女啊,且一次還遇到3個!因此,豈能放過合照的大好時機?於是,艾咪撇開癡漢的嘴臉,上前誠心請求合照,不料3位皮膚白皙的水姑娘立馬答應,真不愧是爽快的重慶妹子!

後來，艾咪更是軟土深掘，竟還要求重慶美女扮醜，不過他們都很配合，除了一位比較素顏的妹子，說自己最近失戀了，模樣狼狽邋遢，為顧形象所以摀著臉拍。拍完後，安伯發現，叫美女扮醜怎麼都是在裝可愛呢？犯規犯規！但無論怎樣的姿態，他們依然都是美人胚子，反倒是一旁認真扮醜的艾咪，大大贏得這場扮醜比賽！實至名歸啊！

正常美
搞怪美

被陰了的扮醜Queen

深情司機讓人都想當重慶媳婦了

在重慶遇到一位出租車師傅，他很驚訝竟「拉」到台灣人(註：「拉」就是「載」的意思)。於是，一個驚奇大轉頭看我們，都沒有看路了(註：車在行進中)。他說，從沒載過台灣人。艾咪笑問：「長得一樣嗎？」師傅大分貝地說：「一樣嘛！」而後，如同多數人一樣，他也問：「那你們對於兩岸統一覺得怎樣呀？」哈哈，我們也一如往常地四兩撥千斤，飄離這個話題。

師傅說：「你們台灣男孩是不是特溫柔呀？電視劇裡的男主角總是溫柔的說：我喜歡你！」我倆笑倒，反問：「那重慶男孩怎麼樣？」師傅靦腆地笑說：「咱重慶人少浪漫，就只會直爽地說：嘿！美眉！窩希歡膩呀(四川口音)！要是惹女朋友生氣了，就買個冰淇淋哄她幾句。」

說是這麼說，師傅還是承認自己是「哈耳朵」(妻管嚴)，我們笑問：「你也怕老婆呀？」師傅說：「沒聽過重慶辣妹子嗎？把我們男人欺負得抬不了頭，縮著呢！不過，回家看見老婆、可愛的孩子，工作再累也都值了！」一番真情告白，融化了安伯的心，讓她都想留下來當重慶媳婦了！

深情又直率的重慶出租車師傅

嘿~老婆~窩希歡膩！
是辣妹子我也希歡！

後記

旅程中，艾咪每晚陷入昏迷的睡狀。

好旅伴，我們一起牽手旅行 - 艾咪

回憶起那段旅遊時光，在北京闖入胡同民宅、在天津嘗試令人後悔的狗不理包子、在西安見證一場兩岸聯姻、在成都被一堆美女氣死、在重慶吃麻辣鍋吃到變香腸嘴、在上海夜店跳了1小時的無厘頭熱舞、在杭州弄丟了極為不像地肖像畫，以及睡遍無數個旅客……啊！不是，是在無數個夜晚，跟許多陌生旅人一起睡在臥鋪火車上，一起酣然入夢。

旅行，是為了找回家的路，我一直是這樣覺得。由於思念，感覺與家人的心更緊密。感謝我的天錫老爸、貴玉老媽、慧珊老姐的支持，放縱我的任性小決定，讓我更有韌性。透過這趟旅程，視野變寬了，看到很多不同的人事物，心境也有所改變。同時，莫名地更熱愛台灣，真摯地以身為台灣人為傲。

不過，旅行雖然快樂，但疲累卻也會不時地出現。若此時，身邊有人陪伴、彼此加油打氣，是多麼美好。也因這次特別之旅，讓我了解旅伴的重要。好的旅伴有耐心，願意共同探索路線、分擔事務，他是一個你敢對他暢所欲言的人，懂你的梗，也願意配合你的笑點，用幽默化解一切不如意。感謝王微瑄(Amber)一路上陪著我探險，一起經歷這段生命的點滴，雖然我們常常在旅舍裡看著《後宮甄嬛傳》，就偷懶不想出門了，但仍是很棒的回憶。總之，好的旅伴帶你上天堂，不好的旅伴讓你哭斷腸！

同時，也感謝太雅出版社的總編芳玲姐、孟儒，相信並包容我們；謝謝中央人民廣播電台你好台灣網、台北南區扶輪社、中華民國青年之家協會的支持，特別感謝Uncle Yoneyama、Uncle Arthur、Uncle Billy、Uncle Terence、Uncle Jack Chu、Uncle New life、Uncle Peter、Uncle Paul、Aunty Daina、葉鳴朗理事長、葉家興教授、周強大哥、莎莎、秋顯、Lilith、雅玲、玉婷、寶伯，以及所有在旅程中鼓勵我、給予協助及關懷的朋友。

旅程中，偶然聽到卻很喜歡的一首歌——許飛的《我們終究會牽手旅行》。失心瘋如我，連續播放也聽不膩，反而是陣陣溫暖、感動湧現心頭。雖然，這次小旅行結束了，但我們的大旅程也許只是未完待續……

安伯美照。

旅程中，我淬鍊出更新的自己－安伯

這「看似很酷的旅程」的確很酷，只是當時只想到「酷」，沒想到酷的背後竟是如此的「苦」，也沒想到辛苦後的祝福這麼豐富！

由於是有計畫地旅行，因此無法當傻呆觀光客，也不能想睡覺就睡覺、想放空就放空，但也因此，我們有更多機會去親近當地人，也更能記住每座城市的模樣。這才發現，原來光是看美景、吃美食、聽當地人的口音，算不上「旅人」，只能自稱一聲「路人」啊！

回憶這一個多月的旅程，我其實也是旅人、路人，傻傻分不清楚，只能笑自己起初滿腔熱血的，想要很有效率地完成些什麼，卻忘了我們是人類，理想和現實之間的距離，是要很辛苦、很用力才能拉近的。

記得我們背著大包小包，在炎炎烈日下走到很想罵髒話的感覺；也記得在潮溼到發霉的青年旅舍過夜的煎熬；更記得路上偶而發出刺鼻的怪酸味兒。但那些辛苦的部分，回憶起來除了能夠會心一笑，覺得很有趣以外，還帶著一點驕傲，自豪自己挺過一些小艱辛(笑)。

在成都，我遇見一位女孩，之後他騎著單車去了西藏，結束後他向我分享：「去西藏這一趟我變壯了、手粗了、曬黑了，但心卻清澈了！」一句話令人回味無窮，果然辛苦會過去，美會留下。或許旅途中，我在遇見每一段刺激、每一位朋友、每一種文化之後，都會淬鍊出更新的自己。

「我還會再來的！」這是走完這些城市後的第一個念頭，這裡太大、太有趣了！在語言相通又帶著文化差異的區域，更容易和當地人接觸、對話、交朋友，不能說曾經聽聞的那些可怕負面資訊是假的，但我們確實遇見更多友善的人、美好的事。同樣在中華文化下成長，撇開政治議題，真的會想念一些旅途中的故事，還有許多陌生人的幫助與微笑，謝謝你們！有緣人。也謝謝我的好旅伴「艾咪」，這趟多虧有你拉著我！

永遠的旅伴──艾咪與安伯

中國7城創意新玩法：
北京、天津、上海、杭州、西安、成都、重慶

作　　者　　賴雅婷・王微瑄

總 編 輯　　張芳玲
發想企劃　　Taiya旅遊研究室
企劃編輯　　林孟儒
主責編輯　　林孟儒
美術設計　　陳恩安、王佩于、余淑真(地圖)
封面設計　　陳淑瑩

太雅出版社
TEL：(02)2882-0755　FAX：(02)2882-1500
E-MAIL：taiya@morningstar.com.tw
郵政信箱：台北市郵政53-1291號信箱
太雅網址：http://www.taiya.morningstar.com.tw
購書網址：http://www.morningstar.com.tw
讀者專線：(04)2359-5819分機230

發 行 所　　太雅出版有限公司
　　　　　　台北市11167劍潭路13號2樓
　　　　　　行政院新聞局局版台業字第五○○四號
印　　刷　　上好印刷股份有限公司　TEL：(04)2315-0280
裝　　訂　　東宏製本有限公司　TEL：(04)2452-2977
初　　版　　西元2014年08月01日
定　　價　　350元

ISBN　978-986-336-044-5
Published by TAIYA Publishing Co.,Ltd.
Printed in Taiwan
(本書如有破損或缺頁，退換書請寄至：台中市工業30路1號 太雅出版倉儲部收)

國家圖書館出版品預行編目(CIP)資料

中國7城創意新玩法：北京、天津、上海、杭州、
西安、成都、重慶 / 賴雅婷，王微瑄作. --
初版. -- 臺北市：太雅, 2014.08
　面；　公分. -- (世界主題之旅；93)
ISBN 978-986-336-044-5(平裝)
1.旅遊 2.中國
690　　　　　　　　　　　　　103005790

這次購買的書名是：

中國7城創意新玩法

北京、天津、上海、杭州、西安、成都、重慶 （世界主題之旅 93）

* 01 姓名：＿＿＿＿＿＿＿＿＿＿　性別：□男 □女　生日： 民國＿＿＿＿＿年

* 02 市話：＿＿＿＿＿＿＿＿＿　手機：＿＿＿＿＿＿＿＿＿＿＿

* 03 E-Mail：＿＿＿＿＿＿＿＿＿＿＿＿＿＿＿＿＿＿＿

* 04 地址：□□□□□ ＿＿＿＿＿＿＿＿＿＿＿＿＿＿＿

05 你決定購買這本書的主要原因是：(請選出前三項，用1、2、3表示)
□正準備去此地　□計畫去此地　　□信任太雅品牌　□內容清楚實用
□價格合理　　　□其他＿＿＿＿＿＿＿＿＿＿＿＿＿＿

06 你的旅行習慣是怎樣的：
□跟團　　　　　□機＋酒自由行　□完全自助　　　□打工度假

07 你通常跟怎樣的旅伴一起旅行：
□父母　　　　　□另一半　　　　□朋友2人行　　□跟團
□親子　　　　　□自己一個　　　□朋友3～5人

08 在旅行過程中最讓你困擾的是：(請選出前三項，用1、2、3表示)
□迷路　　　　　□住宿　　　　　□餐飲　　　　　□買伴手禮
□行程規畫　　　□語言障礙　　　□突發意外

09 你認為本書哪些資訊最重要：(請選出前三項，用1、2、3表示)
□餐飲　　　　　□景點　　　　　□住宿　　　　　□地圖
□行程規畫　　　□購物逛街　　　□貼心提醒　　　□教戰守則
□專題　　　　　□交通指引

10 你會購買旅遊電子書嗎？
□會　　　　　　□不會

11 若你有使用過旅遊電子書或是官方網路提供下載之數位資訊，使用的心得？
□隨身攜帶很方便且實用　　　□資訊不足或不正確
□電子工具螢幕太小，不方便閱讀　□其他＿＿＿＿＿＿＿＿＿＿＿＿

12 計畫旅行前，你通常會購買多少本參考書：＿＿＿＿＿＿＿＿本

13 從你開始出國旅行，最先去過的前三個地方是哪裡？
＿＿＿＿＿＿＿＿＿＿＿＿＿＿＿＿＿＿＿＿＿＿＿＿＿

14 你最常參考的旅遊網站、或是蒐集資訊的來源是：
＿＿＿＿＿＿＿＿＿＿＿＿＿＿＿＿＿＿＿＿＿＿＿＿＿

15 你習慣向哪個旅行社預訂行程、機票、住宿、或其他旅遊相關票券：
＿＿＿＿＿＿＿＿＿＿＿＿＿＿＿＿＿＿＿＿＿＿＿＿＿

16 你會建議本書的哪個部分，需要再改進會更好?為什麼?
＿＿＿＿＿＿＿＿＿＿＿＿＿＿＿＿＿＿＿＿＿＿＿＿＿

17 你是否已經照著這本書開始操作?使用本書的心得是?有哪些建議?
＿＿＿＿＿＿＿＿＿＿＿＿＿＿＿＿＿＿＿＿＿＿＿＿＿

填表日期：＿＿＿＿年＿＿＿＿月＿＿＿＿日

填問卷，抽好書
（限台灣本島）

凡填妥問卷(星號＊者必填)寄回、或傳真回覆問卷的讀者，將能收到最新出版的電子報訊息！並有機會獲得太雅的精選套書！每雙數月抽出10名幸運讀者，得獎名單將於該月10號公布於太雅部落格。太雅出版社有權利變更獎品內容，若贈書消息有改變，請依部落格公布為主。活動時間為2014/07/01～2014/12/31

好書三選一，請勾選

□ **放眼設計系列**
（共9本，隨機選3本）

□ **吸血鬼日記1、2**

□ **優雅女人穿搭聖經**
（共2本）

太雅部落格
taiya.morningstar.com.tw

| 廣　告　回　信 |
| 台灣北區郵政管理局登記證 |
| 北 台 字 第 1 2 8 9 6 號 |
| 免　貼　郵　票 |

太雅出版社 編輯部收

台北郵政53-1291號信箱
電話：(02)2882-0755
傳真：**(02)2882-1500**
（若用傳真回覆，請先放大影印再傳真，謝謝！）

太雅部落格 http://taiya.morningstar.com.tw

有 行 動 力 的 旅 行 ， 從 太 雅 出 版 社 開 始